物联网工程技术及其应用系列规划教材

物联网的商业应用

主　编　司　文　邴　璐

副主编　徐　星　谈　嵘

参　编　韩笑蕾　余　江　刘富强

　　　　杨海波　郭　琨　仉长崎

北京大学出版社
PEKING UNIVERSITY PRESS

内 容 简 介

本书介绍了物联网技术的主要理论知识及其在商业中的应用，内容包括物联网的商业应用导论、物联网的体系结构及核心技术、物联网技术标准、物联网安全、物联网技术在商业中的典型应用、物联网商业应用普适实验及专业实验等。本书论述严谨、内容全面、重点突出，强调理论联系实际，突出应用技术和实践，通过教学实验和场景训练，使读者加深理解和巩固物联网理论知识。

本书可作为高等院校物联网及相关专业的教材，也可作为从事物联网工作的科技人员及工程技术人员的参考用书。

图书在版编目（CIP）数据

物联网的商业应用 / 司文，邴璐主编. —北京：北京大学出版社，2020.10
物联网工程技术及其应用系列规划教材
ISBN 978-7-301-31644-3

Ⅰ.①物… Ⅱ.①司…②邴… Ⅲ.①物联网-应用-商业管理-高等学校-教材 Ⅳ.①F712-39

中国版本图书馆 CIP 数据核字（2020）第 178389 号

书　　　名	物联网的商业应用 WULIANWANG DE SHANGYE YINGYONG
著作责任者	司　文　邴　璐　主编
策划编辑	郑　双
责任编辑	郑　双
数字编辑	蒙俞材
标准书号	ISBN 978-7-301-31644-3
出版发行	北京大学出版社
地　　址	北京市海淀区成府路 205 号　100871
网　　址	http://www.pup.cn　新浪微博：@北京大学出版社
电子信箱	pup_6@163.com
电　　话	邮购部 010-62752015　发行部 010-62750672　编辑部 010-62750667
印　刷　者	河北滦县鑫华书刊印刷厂
经　销　者	新华书店
	787 毫米×1092 毫米　16 开本　11.75 印张　276 千字 2020 年 10 月第 1 版　2020 年 10 月第 1 次印刷
定　　价	35.00 元

未经许可，不得以任何方式复制或抄袭本书之部分或全部内容。
版权所有，侵权必究
举报电话：010-62752024　电子信箱：fd@pup.pku.edu.cn
图书如有印装质量问题，请与出版部联系，电话：010-62756370

前　言

众所周知，物联网以其"物物相联、物物互联"的概念，整合了诸多产业，逐步形成了系统平台，引发了整合趋势。因此，物联网将是下一个推动全球经济高速发展的"重要生产力"，是继通信网之后的另一个万亿级市场。物联网在我国已经发展多年，随着窄带物联网标准的确定、国内运营商重点布局、设备制造商强力推动，物联网的规模化商用正全面提速，步入快车道。工信部在鼓励融合创新方面，加快了蜂窝物联网，尤其是窄带物联网技术的应用推广。物联网经过不断发展，已成为世界各个国家和地区经济发展的新增长点。

本书是以实践为主、以培养学生基于物联网新技术的商业创新应用能力为目的、以产出创新创业成果为导向的教材。其编写目的在于培养学生对物联网技术的兴趣，提高学生资料查阅、方案论证、软硬件设计、系统测试与调试、团队协作等的综合能力，并注重学生创新能力的培养，使其符合当今社会对创新型人才的需求。这与物联网技术的人才培养目标相一致。

本书的内容涵盖了物联网技术的理论知识及其在商业中的主要应用，反映了物联网技术的最新进展。具体内容安排如下。

第 1 章为物联网的商业应用导论。本章主要介绍了物联网的定义，以及物联网的发展历史，展示和畅想了物联网技术给人们带来的未来生活图景。

第 2 章为物联网的体系结构及核心技术。本章主要介绍了物联网的体系结构和核心技术，使读者对物联网技术有进一步的了解。

第 3 章为物联网技术标准。本章内容涉及物联网应用标准化，以及核心技术标准化现状等。

第 4 章为物联网安全。本章主要介绍了物联网安全体系和物联网安全关键技术。在针对 RFID 的攻击方面，介绍了攻击类型以及相应的解决方法。在基于 RFID 的物联网安全方面，重点介绍了安全威胁和网络攻击，以及相应的解决方案。

第 5 章为物联网技术在商业中的典型应用。本章主要介绍了物联网技术在各行各业的应用，从信息处理到信息传播，信息发展越来越深入人们生产生活的各个领域。

第 6 章为物联网商业应用普适实验。本章主要介绍了物联网实验的相关内容，包括实验平台概述，以及具体的分块实验：蓝牙音箱实验、Yeelight blue LED 灯实验、智能商场沙盘演示实验、RFID 读写器操作实验以及智能环境监测系统操作实验。

第 7 章为物联网商业应用专业实验 1：无线传感器网络实验。本章内容包括烟雾报警系统、智能感应门、智能安防报警系统、智能采光系统、燃气报警系统、智能花园灌溉系统以及环境监测系统的介绍及相关实验等。

第 8 章为物联网商业应用专业实验 2：RFID 技术应用实验。本章主要内容包括 RFID 基础实验，RFID 应用场景——门禁系统的介绍，以及 RFID 读写器和 LCD 显示器实验。

第 9 章为物联网商业应用专业实验 3：上位机检测系统实验。本章内容包括上位机检测系统的简介，以及上位机检测系统实验等。

第 10 章为物联网商业应用专业实验 4：智能家居控制系统综合实验。本章内容包括智能家居的功能和特点、智能家居控制系统，以及智能家居控制系统综合实验等。

本书的第 1~5 章以理论讲解为主，第 6~10 章以实验实训为主，皆在让学生在学习和理解物联网相关理论知识后，通过对物联网各种应用进行模拟操作演习，能够对物联网技术有一个感性的认识，加深理解、巩固物联网理论知识，真正达到理论与实践相结合、学以致用的教学目的。

本书的编写团队由上海商学院商务信息学院物联网工程专业的教师组成。本书由司文、邴璐担任主编，徐星、谈嵘担任副主编，韩笑蕾、余江、刘富强、杨海波、郭琨、仇长崎共同参与编写。其中，第 1 章由司文、韩笑蕾、刘富强编写，第 2 章由司文、邴璐编写，第 3 章由谈嵘、郭琨编写，第 4 章由余江、仇长崎编写，第 5 章由司文、杨海波编写，第 6 章到第 9 章由邴璐编写，第 10 章由徐星编写，习题答案部分由邴璐编写。

由于作者水平有限，书中难免出现不足之处，为了后面的版次能做得更好，希望各位老师、同学们多提宝贵意见和建议。

编者
2020 年 3 月

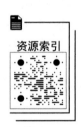

目 录

第1章 物联网的商业应用导论 1
- 1.1 物联网的定义 1
- 1.2 物联网的发展历史 3
- 1.3 物联网未来生活 5
- 1.4 本章小结 7
- 习题 7

第2章 物联网的体系结构及核心技术 8
- 2.1 物联网的体系结构 9
- 2.2 物联网的核心技术 10
- 2.3 本章小结 12
- 习题 12

第3章 物联网技术标准 13
- 3.1 国内外相关技术标准化 13
- 3.2 物联网应用标准化 14
- 3.3 核心技术标准化现状 14
  - 3.3.1 物品分类与编码标准化 14
  - 3.3.2 自动识别技术标准化 16
- 3.4 本章小结 17
- 习题 17

第4章 物联网安全 18
- 4.1 物联网安全风险报告 19
  - 4.1.1 物联网安全体系 19
  - 4.1.2 物联网安全风险现状 20
- 4.2 物联网安全关键技术 22
  - 4.2.1 密钥管理机制 22
  - 4.2.2 数据隐私 23
  - 4.2.3 安全路由协议 24
- 4.3 针对RFID的攻击 24
  - 4.3.1 攻击类型 25
  - 4.3.2 解决方案 26
- 4.4 基于RFID的物联网安全 28
  - 4.4.1 安全威胁 29

4.4.2 网络攻击 29
  4.4.3 解决方案 30
 4.5 本章小结 31
 习题 31

第 5 章 物联网技术在商业中的典型应用 32

 5.1 物联网商业应用现状 32
 5.2 智慧城市 34
 5.3 智慧医疗 38
 5.4 智慧农业 40
 5.5 物联网在环境保护中的应用 42
 5.6 本章小结 45
 习题 46

第 6 章 物联网商业应用普适实验 47

 6.1 物联网实验平台概述 47
 6.2 蓝牙音箱实验 49
  6.2.1 蓝牙音箱简介 49
  6.2.2 工作原理 50
  6.2.3 实验内容 50
 6.3 Yeelight blue LED 灯实验 50
  6.3.1 Yeelight blue 简介 50
  6.3.2 工作原理 51
  6.3.3 实验内容 51
 6.4 智能商场沙盘演示实验 52
  6.4.1 智能商场核心组件 52
  6.4.2 智能停车场核心组件 53
  6.4.3 智能仓储核心组件 54
 6.5 RFID 读写器操作实验 55
  6.5.1 RFID 读写器操作的配置 55
  6.5.2 低频 RFID 读写器 56
  6.5.3 高频 RFID 读写器 56
  6.5.4 超高频 RFID 读写器 57
 6.6 智能环境监测系统操作实验 58
 6.7 本章小结 59
 习题 59

第 7 章 物联网商业应用专业实验 1：无线传感器网络实验 60

 7.1 无线传感器网络介绍 61

		7.1.1 无线传感器网络的应用与发展	61
		7.1.2 常用传感器	63
		7.1.3 常用无线通信网络技术	68
		7.1.4 烧写.hex 文件实验	73
	7.2	烟雾报警系统	88
		7.2.1 烟雾报警系统简介	88
		7.2.2 继电器和烟雾传感器实验	88
	7.3	智能感应门	96
		7.3.1 智能感应门简介	96
		7.3.2 人体红外传感器与直流电动机实验	96
	7.4	智能安防报警系统	100
		7.4.1 智能安防报警系统简介	100
		7.4.2 人体红外传感器与蜂鸣器、求助按钮实验	102
	7.5	智能采光系统	104
		7.5.1 智能采光系统简介	104
		7.5.2 光照度传感器与步进电动机实验	105
	7.6	燃气报警系统	110
		7.6.1 燃气报警系统简介	110
		7.6.2 燃气传感器和蜂鸣器、求助按钮实验	112
	7.7	智能花园灌溉系统	115
		7.7.1 智能花园灌溉系统简介	115
		7.7.2 温湿度传感器与直流电动机实验	116
	7.8	环境监测系统	121
		7.8.1 环境监测系统简介	121
		7.8.2 PM2.5 传感器、气压传感器和 LCD 显示器实验	122
	7.9	本章小结	125
	习题		125

第 8 章 物联网商业应用专业实验 2：RFID 应用实验 126

8.1	RFID 简介	127
8.2	RFID 应用实例	131
8.3	RFID 基础实验	132
8.4	RFID 应用场景——门禁系统	141
	8.4.1 门禁系统简介	141
	8.4.2 门禁系统应用场景	143
	8.4.3 门禁系统选型	145
8.5	RFID 读写器和 LCD 显示器实验	145
8.6	本章小结	148
习题		148

第 9 章　物联网商业应用专业实验 3：上位机检测系统实验 149

9.1　上位机检测系统简介 149
9.1.1　上位机检测系统的功能 150
9.1.2　计算机在单片机系统中的作用 150
9.1.3　智能家居上位机检测系统的硬件设计 151
9.2　上位机检测系统实验 152
9.3　本章小结 156
习题 156

第 10 章　物联网商业应用专业实验 4：智能家居控制系统综合实验 157

10.1　智能家居简介 157
10.1.1　智能家居的功能与特点 158
10.1.2　智能家居控制系统 159
10.2　智能家居控制系统综合实验 161
10.3　本章小结 172
习题 172

参考文献 173

第 1 章
物联网的商业应用导论

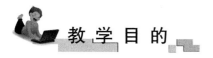
教学目的

本章的教学目的是使学生理解物联网的概念和定义，物联网的发展历史，以及物联网技术给人们带来的未来生活图景。

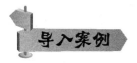

物联网已经融入我们的生活

请想象以下有趣的情景：公文包可以"提醒"你忘记拿车钥匙了；有小偷进入你的家里，你会收到电话报警；夏天开车行驶在回家的路上，家里的空调装置已自动开启；下雨时，窗户的磁感应器会自动打开雨刷；晚上走到走廊，灯光感应器会自动开启电灯；当你不在家时，煤气传感器、烟感传感器、红外对射传感器等会随时监控室内情况……如此智能的场景已并不陌生与遥远，随着物联网的发展，它正在一步步走进我们的生活。随着科技的不断发展，物联网已成为全球各个国家和地区经济发展的新增长点。物联网产业的发展受到政府的高度关注，中国已将物联网产业列入国家新兴战略型产业，产业整体呈现快速发展的态势。

1.1 物联网的定义

物联网(Internet of Things，IoT)是时下最热门的新兴事物(见图 1.1)之一。从某种意义上来说，它改变了人类的生活形态，它是智能终端、移动互联网发展带来的一项"福利"。物联网这一概念由美国麻省理工学院的凯文·阿什顿(Kevin Ashton)教授于 20 世纪 90 年代提出。凯文·阿什顿认为，计算机最终能够自主产生及收集数据，而无须人工干预，这将推动物联网的诞生。

图 1.1 物联网示意图

顾名思义，物联网就是物物相连的互联网。这有两层意思：其一，物联网的核心和基础仍然是互联网，是在互联网基础上延伸和扩展的网络；其二，其用户端延伸和扩展到了任何物品，物品与物品之间能够进行信息交换和通信，也就是物物相连。物联网是新一代信息技术的重要组成部分，也是信息化时代的重要发展阶段。物联网以其智能感知、识别技术与普适计算、泛在网络的融合应用，被称为继个人计算机、互联网和移动通信网之后世界信息产业发展的第三次浪潮(见图 1.2)。因此，很多国家都制订了物联网产业发展计划，如中国的"感知中国"、美国的"智慧地球"、日本的 U-Japan 计划、韩国的 U-Korea 战略、欧盟的"欧洲物联网行动计划"等。

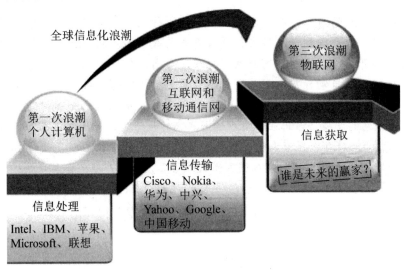

图 1.2 全球信息化浪潮

但是，目前业界对物联网还没有形成一个完全统一的定义，但普遍认可的概念是：物联网是通过射频识别(Radio Frequency Identification，RFID)、红外传感器、图像传感器、全球定位系统(Global Positioning System，GPS)、激光扫描器等信息技术和传感设备，按约定的协议,把任何物品与互联网连接起来,进行信息交换和通信,以实现智能化识别、定位、跟踪、监控和管理的一种网络。按照网络内数据的流向及处理方式将物联网分为三个层次:一是传感网络层,即以二维码、RFID、传感器为主,实现对"物"或环境状态的识别;二是传输网络层,即通过现有的互联网、广电网、通信网或者下一代互联网(IPv6),实现数据的传输和计算;三是应用网络层,即输入输出控制终端,包括计算机、手机等终端。物联网结构如图1.3所示。

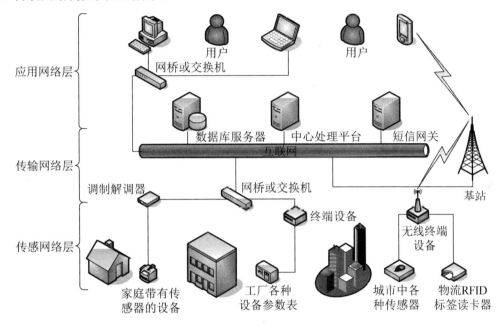

图1.3 物联网结构

1.2 物联网的发展历史

物联网的实践最早可以追溯到1990年施乐公司的网络可乐贩售机——Networked Coke Machine。

1991年,美国麻省理工学院的凯文·阿什顿教授首次提出物联网的概念。

1995年,比尔·盖茨在《未来之路》一书中也曾提及物联网,但未引起广泛重视。

1999年,麻省理工学院建立了自动识别中心(Auto-ID),提出"万物皆可通过网络互连",阐明了物联网的基本含义。早期的物联网是依托RFID技术的物流网络,随着技术和应用的发展,物联网的内涵已经发生了较大变化。

2003年,美国《技术评论》杂志提出传感网络技术将是未来改变人们生活的十大技术之首。

2004年,日本总务省提出U-Japan计划,该计划力求实现人与人、物与物、人与物之间的连接,希望将日本建设成一个随时、随地、任何物体、任何人均可连接的泛在网络社会。

2005年11月17日,在突尼斯举行的信息社会世界峰会(WSIS)上,国际电信联盟(ITU)

发布《ITU 互联网报告 2005：物联网》，引用了"物联网"的概念。物联网的定义和范围已经发生了变化，覆盖范围有了较大的拓展，不再只是指基于 RFID 技术的物联网。

2006 年，韩国确立了 U-Korea 战略，该战略旨在建立无所不在的社会，在民众的生活环境里建设智能型网络(如 IPv6、USN)和各种新型应用(如 DMB、Telematics、RFID)，让民众可以随时随地享有科技智慧服务。

2008 年，为了促进科技发展，寻找经济新的增长点，各国政府开始重视下一代的技术规划，将目光放在了物联网上。在中国，2008 年 11 月在北京大学举行的第二届中国移动政务研讨会"知识社会与创新 2.0"提出，移动技术、物联网技术的发展代表着新一代信息技术的形成，并带动了经济社会形态、创新形态的变革，推动了面向知识社会的以用户体验为核心的下一代创新(创新 2.0)形态的形成，创新与发展更加关注用户、注重以人为本。

2009 年，韩国通信委员会出台了《物联网基础设施构建基本规划》，将物联网确定为新增长动力，提出到 2012 年实现"通过构建世界最先进的物联网基础设施，打造未来广播通信融合领域超一流信息通信技术强国"的目标。

2009 年 1 月 28 日，奥巴马就任美国总统后，与美国工商业领袖举行了一次"圆桌会议"，作为仅有的两名代表之一，IBM 首席执行官彭明盛首次提出"智慧地球"这一概念，建议新政府投资新一代的智慧型基础设施。当年，美国将新能源和物联网列为振兴经济的两大重点。

2009 年 2 月 24 日，IBM 论坛上，IBM 大中华区首席执行官钱大群公布了名为"智慧地球"的最新策略。此概念一经提出，即得到美国各界的高度关注，甚至有分析认为 IBM 公司的这一构想极有可能上升至美国的国家战略，并在世界范围内引起轰动。

2009 年 6 月 18 日，欧盟执委会发表了"欧洲物联网行动计划"，描绘了物联网技术的应用前景，提出欧盟政府要加强对物联网的管理，促进物联网的发展。

2009 年 11 月 12 日，无锡市率先建立了"感知中国"研究中心，与中国科学院合作成立了无锡物联网产业研究院，江南大学还建立了全国首家实体物联网工厂学院。物联网被正式列为国家五大新兴战略性产业之一，写入"政府工作报告"，物联网在中国受到了全社会极大的关注。

近年来，我国中央政府及各地方政府对物联网产业的政策扶持力度不断深入，"政策先行、技术主导、需求驱动"成为我国物联网发展的主要模式。经过多年的发展，我国物联网产业规模已经从 2009 年的 1 700 多亿元增长到 2018 年的 1.5 万亿元，预计到 2022 年，物联网产业规模将达到 7.2 万亿元。

物联网在中国迅速崛起得益于我国在物联网方面的以下几大优势。

第一，我国早在 1999 年就启动了物联网核心技术——传感网研究，研发水平处于世界前列。

第二，在世界物联网领域，我国是标准主导国之一，专利拥有量多。

第三，我国是能够实现物联网完整产业链的国家之一。

第四，我国无线通信网络和宽带覆盖率高，为物联网的发展提供了坚实的基础设施支持。

第五，我国已经成为世界第二大经济体，有较为雄厚的经济实力支持物联网发展。

1.3 物联网未来生活

物联网技术的发展速度迅猛,在不远的未来,物联网技术将出现在我们生活中的每个角落,各种设备的形态也将更为完善。也许现在人们会吃惊这一改变,但相信在未来人们会对这些物联网技术习以为常。

物联网未来生活彩图

1. 智能眼镜

Tzukuri 公司生产了蓝牙太阳眼镜,其独特之处在于内置了低功耗蓝牙芯片及太阳能电池。该眼镜还提供了手机应用程序(Application,App),其功能可以监测手机及眼镜的距离,若超出设定距离会发送通知及报警信号,如图 1.4 所示。

智能眼镜

图 1.4　智能眼镜

2. 行李追踪

在航空公司的行李追踪方面,物联网技术也有所建树。通过在行李箱内置数据蜂窝网络、GPS 的设备,可以有效甚至实时追踪每一件行李,如图 1.5 所示。

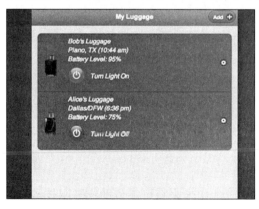

行李追踪技术

图 1.5　航空行李追踪

3. 具有 API 的衣服

可穿戴设备是未来的趋势，如将传感器集成在普通服装内，监测心率、呼吸、运动强度及卡路里燃烧热量等，并且开放 API(Application Programming Interface，应用程序接口) 和 SDK(Software Development Kit，软件开发工具包)，实现可移植和跨平台的需求，如图 1.6 所示。

图 1.6　具有 API 的衣服

4. 3D 打印与物联网结合

通过 3D 打印组建物联网设备，将一系列微处理器、传感器、可充电电池、GSM 数据蜂窝网络及 GPS 芯片等集成于一体，从而实现了高速且实时传输数据的深水探测装置，如图 1.7 所示。

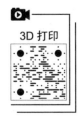

图 1.7　3D 打印与物联网结合

5. 智能道路系统

面对交通事故这一头号劲敌，未来有可能借助物联网技术减少交通事故的发生。例如，通过物联网传感器为驾驶者提供实时的道路情况、位置及速度信息，来避免交通事故发生，如图 1.8 所示。

图1.8 智能道路系统

1.4 本章小结

得益于物联网技术与普适计算、嵌入式设备、通信技术、传感器网络、互联网协议和应用等的融合,传统的物体得以智能化。随着物联网技术的日趋成熟,物联网在人们生活的方方面面都发挥着重要作用。本章主要讲解了物联网的概念和定义,物联网的发展历程,最后展示和畅想了物联网技术给人们带来的未来生活图景。

习　　题

1. 物联网的概念最早是谁提出的?
2. 智慧地球是谁提出的?(　　)
   A. 无锡研究院　　　B. ITV　　　　　C. IBM　　　　　D. 奥巴马
3. 我国在哪个城市率先建立了"感知中国"研究中心?(　　)
   A. 北京　　　　　　B. 上海　　　　　C. 无锡　　　　　D. 深圳
4. 物联网的英文名称是(　　)。
   A. Internet of Matters　　　　　　B. Internet of Things
   C. Internet of Theorys　　　　　　D. Internet of Clouds

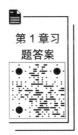

第1章习题答案

第 2 章
物联网的体系结构及核心技术

教 学 目 的

本章的教学目的是使学生掌握物联网的体系结构以及相关核心技术(包括 RFID、传感器、认知计算和智能控制及网络融合等)。

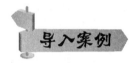

物联网核心技术无处不在

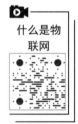

案例 1：防入侵系统物联网传感器产品已经在上海浦东国际机场防入侵系统中应用。机场周围根据布防要求设定三级报警，分别为预警级、报警级和出警级。系统实现了三维防范，形成低空、地面、地下三维立体报警体系，分别实现对空中翻越、攀爬、破坏、掘地入侵行为的报警，可对人员攀爬、破坏围栏、无意碰触、动物经过、异物悬挂、大风大雨等进行区分。同时系统能够智能化屏蔽非入侵干扰源，降低虚警率。系统还自带自适应自学习算法，根据机场周围环境的变化，采用多模式工作方式，自动调整系统算法和参数，降低虚警率和漏警率。

案例 2：世博会上会说话的盒饭。在世博园区的罗森便利店中，只要拿起一盒贴有 RFID 的盒饭，把它放到店里的识别机器上，就可以清楚地看到这盒饭的所有"出生信息"，包括快餐所使用的所有原料的供应商。例如，大排由陕西玉立养殖加工厂提供，火腿肠由北京美日生鲜有限公司提供。便利店的收银员可以一次扫描数十盒盒饭，这大大节省了顾客排队的时间，提升了物流及服务效率。这些美好的改变都归因于每一盒在售的盒饭都被贴上一个 RFID 电子标签。盒饭因此而具有了"生命"：记录数据、分析数据、灵活与外界进行对话。

2.1 物联网的体系结构

物联网在现阶段的发展主要是利用 RFID 和无线感知技术实现人与物、物与物的信息交流和沟通。物联网的实现过程包括以下几个步骤。

物联网简介

1. 对物品信息进行识别

由物联网的感知层完成对物品信息的识别：静态识别——存储贴在物品上的 RFID 电子标签中固定的信息；动态识别——由传感器收集动态数据信息，与 RFID 电子标签进行实时交互。

2. 信息读取和转换

物联网的感知层设备，包括各种传感器等读取识别信息，经过一定的信息转换，以特定的格式传给信息处理中心。

3. 中央信息处理系统完成信息处理

由特定的中央处理器完成信息的整合、判断与识别，形成最终的输出结果。

基于 RFID 系统的物联网应用架构是最传统的应用架构。该架构由感知层、网络层及应用层构成，如图 2.1 所示。

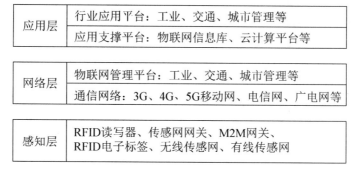

图 2.1　物联网应用架构

2014 年 9 月，GSV 资本的 Li Jiang 发表了一篇主题为《万物理论》的文章，指出"未来的物联网世界是硬件和软件共生演化，彼此影响：各种连接的设备里的传感器会产生大量数据，海量数据使得机器学习成为可能，机器学习的结果就是人工智能，而人工智能又指导机器人去更精确地执行任务，机器人的行动又会触发传感器。"这就是一个完整的循环，如图 2.2 所示。

(1) 传感器产生数据。2014 年，连接到互联网的设备数量超过了世界人口总和。据 HIS 预测，到 2025 年，将有 754.4 亿个互联设备，并且大部分设备会集成传感器(如视觉传感器、听觉传感器)，这些传感器将会产生前所未有的海量数据。

物联网的商业应用

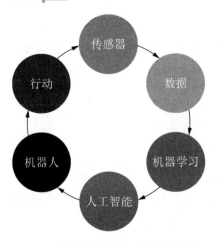

图 2.2 物联网技术的"万物理论"

(2) 数据支撑机器学习。到 2025 年，预计全球每天产生的数据量将达到 491 EB。如此庞大的数据，不管是结构化的或是非结构化的数据都可以通过计算机进行处理，以获得大量"真知灼见"。

(3) 机器学习改善人工智能。机器学习是人工智能的核心，是使计算机具有智能的根本途径。虽然 20 世纪 50 年代已经开始使用机器学习，但是如今的海量数据和计算能力都驱使机器学习实现突破，呈现爆炸式增长。

(4) 人工智能指导机器人行动。人工智能就是要让机器人的行为看起来就像是人所表现出的智能行为一样，即机器人"像人一样思考""像人一样行动""理性地思考""理性地行动"。越来越多的传感器使得采集到的数据与日俱增，这能优化更多的机器学习算法，从而可以帮助解决更多问题，减少错误，提高解决问题的效率。

(5) 机器人采取行动。不仅有越来越多的公司在创造各种用途的机器人，而且借助人工智能，机器人本身也会变得越发"聪明"，替代越来越多的人工操作，甚至具备"自主意识"，实现人类梦寐以求的智能行动。

(6) 行动触发传感器。机器人采取行动后，会触发传感器来收集数据，以获取自身状态并推断环境状态，从而形成整个"万物理论"的闭环反馈机制"传感→思考(学习)→行动→传感"。

2.2 物联网的核心技术

1. RFID 技术

RFID 技术是一种通信技术，可通过无线电信号识别特定目标并读写相关数据，而无须识别系统与特定目标之间建立机械或光学接触，即是一种非接触式的自动识别技术。RFID 系统由电子标签、读写器和天线三个部分组成(见表 2-1)。

表2-1 RFID系统的三个部分

部分	说明
电子标签	由耦合元件及芯片组成，具有存储与计算功能，可附着或植入手机、护照、身份证、人体、动物、物品、票据中，每个电子标签具有唯一的电子编码，附着在物体上用于唯一标识目标对象
读写器	读取(有时还可以写入)电子标签信息的设备，可设计为手持式或固定式，读写器根据使用的结构和技术不同可以是读或可读可写装置，是RFID系统信息控制和处理中心
天线	在电子标签和读写器之间传递射频信号

2. 传感器技术

传感器技术是利用能感受规定被测量的敏感元件或转换元件，按照一定的规律，将人类无法直接获取或识别的信息转换成可识别的信息数据的技术。传感器技术不仅能感受到被测量的信息，并且还能将检测感受到的信息按一定规律转换成为电信号或其他所需形式的信息输出，以满足信息的传输、处理、控制等要求，这是实现物联网感知技术的首要环节。近年来，智能化和网络化已成为传感器发展的主要趋势，并且传统传感器正逐渐向智能传感器及嵌入式网络传感器发展。无线传感器网络是由各种微型的在监测区内进行有效布置的传感器节点组成，通过无线通信的方式连接成有序的组织网络。目前我国物联网传感器技术发展的主要研究方向有：先进测试技术和网络化测控，智能化传感器网络节点，传感器网络组织结构与底层协议，传感器网络的自身检测和控制，以及传感器网络安全问题等。

3. 认知计算和智能控制技术

认知计算来源于脑科学研究，目的是模拟并效仿人脑的感觉、观念、行为、互动及认识能力，同时消耗更少的能量、占用更小的空间。认知计算是当前人工智能的最新研究方向，其研究成果将为智能控制提供理论支持。

目前，认知计算理论已开始在智能控制领域有了初步应用。相关专家学者提出一种机器人执行任务的认知控制方法，实现了对机器人智能化控制。上述方法对物联网系统智能控制具有一定的借鉴作用。未来物联网要想实现"以物控物"的目标，从物体对外界环境信息的感知学习，到物体自身行为习惯的觉察发现，都将成为策略调用的判断依据。对认知计算理论的深入研究及其在智能控制领域的全方位、多角度应用，以及相关技术的不断深化、完善，将为"认知物联网"的建设奠定坚实的基础。

4. 网络融合技术

网络融合起源于对电信网、电话网及互联网在业务层面的融合。当前网络标准的不断增多，网络复杂度和异构度的不断增加，给跨网业务提供造成了极大的困难。网络融合技术旨在通过对各种网络在网络层面进行融合，实现不同网络间的无缝切换。目前，网络融合技术已成为热门研究领域，具有代表性的是欧盟信息社会技术(Information Society Technologies，IST)第六框架计划(FP6)的 Moby Dick 项目。网络融合技术已取得重大进展，尤其是 3G-WiMax、WCDMA-WLAN 及 UMTS-WLAN 的融合已成为现实，从而为实现不同网络间的物物互连及全球物联网的形成奠定基础。

2.3 本章小结

本章介绍了物联网的体系结构及相关核心技术。其中核心技术包括 RFID 技术、传感器技术、认知计算和智能控制技术，以及网络融合技术，使读者对物联网技术有进一步的了解。

习　　题

1. 简述物联网的实现过程。
2. 什么是 RFID 技术？
3. 请画出物联网的应用架构。
4. 物联网技术的"万物理论"包括哪些内容？
5. 物联网的核心技术有哪些？

第 3 章
物联网技术标准

本章的教学目的是使学生了解物联网技术的相关标准及发展现状,尤其是核心技术标准化的现状,包括物品分类与编码标准化及自动识别技术标准化等方面。

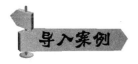

物联网标准化来袭

据报道,全球物联网设备连接数将于 2025 年达到 754.5 亿个。中国的物联网尤其是窄带物联网发展迅猛,其中,中国电信在多地宣布窄带物联网商用。物联网是跨行业、跨领域的交叉学科,其标准需要以应用为主导,通信行业积极配合,特别要加强各个物联网相关标准化组织之间的协调沟通,使其明确各自的定位。纵观物联网的整体业态,物联网的标准化内容和现状有哪些?本章将对此进行解析。

3.1 国内外相关技术标准化

物联网的发展依赖于多个方面的因素,包括法律、技术、产业、标准等,其中标准是物联网大规模产业化发展和互联互通的先决条件,因此多个国家/地区的政府和全球的众多标准化组织都在积极开展物联网的标准化工作,并在某些领域取得了一些成效。在这个全新学科中,我国的技术研发水平已处于世界前列。中科院早在 2008 年就启动了传感网研究,先后投入数亿元。目前,中国与德国、美国、英国、韩国等国一起,成为国际标准制定的主要国家,而标准作为技术的高端,对我国传感网产业的发展至关重要。

目前，我国传感网标准体系已形成初步框架，向国际标准化组织提交的多项标准提案被采纳。经国家标准化管理委员会批准，全国信息技术标准化技术委员会组建了由中科院上海微系统所等国内传感网主要技术研究和应用单位组成的标准工作组，旨在通过标准化为产业发展奠定坚实的技术基础。当前中国正处于物联网爆发式发展的时期，对物联网的研究及物联网产业的规模化投资纷纷出现。物联网涉及很多新兴技术，这些新兴技术往往没有统一的标准，而要实现任何时刻、任何地点、任何物体之间的互联，必然要有统一的标准。

为协调推进物联网标准化工作，国标委、发改委、工信部等多部委联合成立物联网标准推进组及专家咨询委员会，下设基础标准推进组和应用标准推进组，从基础共性和行业应用两个方面推进我国物联网标准化工作。目前我国已经分三批完成200余项国家标准的立项，涉及工作指南、术语、体系架构、接口总体要求、标识、安全等总体标准，传感器、RFID、网络增强、信息融合、应用支撑等共性标准，以及农业、安全、交通、现代林业、医疗、家居、M2M、旅游、工业物联网等行业应用标准。在物联网标准化持续推进的过程中，架构和连接标准成为物联网标准化的重点。

3.2 物联网应用标准化

长期以来，我国企业在新信息技术发展中一直处于被动从属地位。尽管我国在信息化应用方面正在赶超发达国家，但在核心技术方面常常受制于人。华为主导的窄带物联网的国际标准体系，表明我国企业在新一代信息技术及其核心技术的创新发展方面取得了重要突破，这将对我国未来物联网产业乃至整个信息化发展带来重大的影响。不仅如此，技术标准的迅速确立为其进入商用阶段奠定了基础。我国企业参与的窄带物联网技术标准快速确立，技术协议从立项到协议冻结仅仅用时不到8个月，成为史上建立最快的第三代合作伙伴计划(3rd Generation Partnership Project，3GPP)标准之一。

物联网是跨行业、跨领域，具有明显交叉学科特征，面向应用的信息基础设施，因此构建物联网的标准体系时，不仅要考虑已有行业制定的标准，而且要兼顾物联网服务体系的发展需要；要避免不同行业标准组织的重复制定，还要做好各行业和部门间的协调合作，保证各自标准相互衔接，满足跨行业、跨地区的应用需求。

3.3 核心技术标准化现状

3.3.1 物品分类与编码标准化

物品通常是指各种有形的物理实体与无形的服务产品。物品既包括可运输物品，也包括不可运输物品，既有生活资料，也有生产资料。物品在不同领域可有不同的称谓。例如，产品、商品、物资、物料等。物品编码是指按一定规则对物品赋予易为计算机和人识别、处理的代码。物品编码是人类认识事物、管理事务的一种重要手段。特别是计算机的产生和广泛应用，物品编码作为信息化的基础，其重要性更加突出。

1. 基础物品编码系统

基础物品编码系统由物品分类代码、物品名称代码和物品属性代码(包括属性、属性值及其代码)三部分组成。物品分类代码是依据物品通用功能和主要用途进行的分类和代码化表示。物品名称代码是对物品名称的唯一的、无含义的标识。物品属性代码是对物品本质特征属性的描述及代码化表示。

基础物品编码系统是国家信息交换的公共映射基准，是国家电子商务和物品采购的总引擎。基础物品编码系统具有以下特点。

(1) 物品分类代码是确定物品逻辑与归属关系的分类代码。其分类的主要依据是物品的通用功能和主要用途，无行业和地域色彩。

(2) 物品名称具有明确的定义和描述；物品名称代码无含义，具有唯一性。

(3) 物品属性具有明确的定义和描述；物品属性及属性值代码由物品的若干个基础属性及与其相对应的属性值代码组成，结构灵活，可扩展。

(4) 物品分类代码、物品名称代码、物品属性及属性值代码可实现科学有机的连接。

(5) 基础物品编码系统与国际兼容。

2. 通用物品编码系统

通用物品编码系统是指跨行业、跨部门，在开放流通领域应用的物品编码系统，是开放流通领域物品的唯一身份标识系统。它包括商品条码编码系统、采用 RFID 技术的商品电子编码系统、其他通用物品编码系统等。

通用物品编码系统是全国各领域各种流通物品都可适用的物品编码系统，也是开放流通领域必须使用的编码标准。通用物品编码系统具有以下特点。

(1) 编码对象涵盖多行业、多领域的物品。

(2) 代码全国唯一，结构固定。

(3) 代码贯穿于物品流通的整个生命周期。

(4) 代码实行全国统一赋码、统一管理。

(5) 代码的自动识别采用全国统一的标准化自动识别数据载体(如条码、射频标签等)实现。

(6) 代码可供供应链各参与方共同使用。

(7) 代码通常与国际通用的物品编码相兼容。

3. 专用物品编码系统

专用物品编码系统是指在特定领域、特定行业或企业使用的物品编码系统。专用物品编码一般由各个部门、行业、企业自行编制，只在本部门、本系统或本行业采用。专用物品编码系统都是针对特定的应用需求而建立的，如中华人民共和国海关统计商品目录[简称协调制度(Harmonized System，HS)]、固定资产分类与代码、集装箱编码、车辆识别代号(Vehicle Identification Number，VIN)、动物编码等。

专用物品编码系统通常具有以下特点。

(1) 代码在特定范围内统一赋码和管理。
(2) 代码结构根据特定领域、特定行业或企业的需求确定。
(3) 代码在特定应用范围内唯一。
(4) 代码仅在特定领域、特定行业或企业使用。

3.3.2 自动识别技术标准化

自动识别技术就是应用一定的识别装置，通过被识别物品和识别装置之间的接近活动，自动地获取被识别物品的相关信息，并提供给后台的计算机处理系统来完成相关后续处理的一种技术。例如，商场的条形码扫描系统就是一种典型的自动识别技术。售货员通过扫描枪扫描商品的条码，获取商品的名称、价格，输入数量，后台 POS(Point of Sale, 销售终端)系统即可计算出该批商品的价格，从而完成结算。

现实生活中，各种各样的活动或事件都会产生这样或那样的数据，这些数据包括人的、物质的、财务的，也包括采购的、生产的和销售的。这些数据的采集与分析对于生产或生活决策来讲是十分重要的。如果没有这些实际产生的数据支持，生产和决策就将成为一句空话。

在计算机信息处理系统中，数据的采集是信息系统的基础。这些数据通过数据系统的分析和过滤，最终成为影响决策的信息。

早期的信息系统，相当部分数据的处理都是手工录入，不仅工作量十分庞大，劳动强度大，而且数据误码率较高，也失去了实时的意义。为了解决这些问题，科学家就研究和发展了各种各样的自动识别技术，使人们从重复且十分不精确的手工劳动中解放出来，提高了系统信息的实时性和准确性，从而为生产的实时调整，财务的及时总结及决策的正确制定提供正确的参考依据。

在当前比较流行的物流研究中，基础数据的自动识别与实时采集更是物流管理信息系统(Logistics Management Information System，LMIS)存在的基础，因为，物流过程比其他任何环节更接近于现实的"物"，物流产生的实时数据比其他任何工况都要密集、数据量都要大。

自动识别技术是以计算机技术和通信技术的发展为基础的综合性科学技术，它是信息数据自动识读、自动输入计算机的重要方法和手段。归根到底，自动识别技术是一种高度自动化的信息或数据采集技术。

自动识别技术近几十年来在全球范围内得到了迅猛发展，初步形成了一门包括条码技术、磁条磁卡技术、IC卡技术、光学字符识别技术、射频技术、声音识别及视觉识别等集计算机、光、磁、物理、机电、通信技术为一体的高新技术学科。

一般来说，在一个信息系统中，数据的采集(识别)完成了系统的原始数据的采集工作，解决了人工数据输入的速度慢、误码率高、劳动强度大、工作简单重复性高等问题，为计算机信息处理提供了快速、准确地进行数据采集输入的有效手段。因此，自动识别技术作为一种革命性的高新技术，正迅速为人们所接受。自动识别系统通过中间件或接口(包括软件的和硬件的)将数据传输给后台处理计算机，由计算机对所采集到的数据进行处理或加工，最终形成对人们有用的信息。在有的场合，中间件本身就具有数据处理的功能。中间件还可以支持单一系统不同协议的产品的工作。

完整的自动识别计算机管理系统包括自动识别系统(Auto Identification System，AIDS)、应用程序接口或中间件(middleware)、应用系统软件。也就是说，自动识别系统完成系统的采集和存储工作；应用系统软件对自动识别系统所采集的数据进行应用处理；而应用程序接口则提供自动识别系统和应用系统软件之间的通信接口包括数据格式，将自动识别系统采集的数据信息转换成应用软件系统可以识别和利用的信息并进行数据传递。

物联网应用涉及各个行业、各个产业，因此物联网的标准需要形成以需求方为主导，通信行业标准积极配合的局面。从横向上考虑，需做好各行业和部门间的协调合作，保证各自标准相互衔接，满足跨行业、跨地区的应用需求；从纵向上考虑，确保网络架构层面的互联互通，做好信息获取、传输、处理、服务等环节标准的配套。特别是加强各个物联网相关标准化组织之间的协调沟通，建立及时有效的联络机制，使其明确各自的定位和范围，共同做好物联网标准体系建设。物联网的标准体系构建需要经历以下三个阶段：阶段一，着重行业应用和公共服务标准的制定，每一类应用自成体系，其中包括行业本身的标准和本行业对通信技术的要求；阶段二，对阶段一各类应用的标准进行收集、分析，从而提取出共性标准，尤其是共性的通信类要求和接口标准；阶段三，用阶段二的共性标准指导行业应用和公共服务的实施，并不断完善阶段二的共性标准。其中物联网的总体标准将贯穿这三个阶段，并个断深化和完善。目前全球的物联网标准处于阶段二，即尚处于收集应用实例，分析现有需求和架构，提取共性需求、能力和架构的阶段。

3.4 本 章 小 结

本章介绍了物联网技术的相关标准及发展现状，尤其是核心技术标准化的现状，包括物品分类与编码标准化及自动识别技术标准化等方面。使读者对物联网标准化相关技术有了基本的了解。

习 题

1．基础物品编码系统的特点有哪些？
2．通用物品编码系统的特点有哪些？
3．专用物品编码系统的特点有哪些？

第 4 章
物联网安全

教学目的

本章的教学目的是使学生了解物联网的安全体系和安全风险现状；在此基础之上掌握物联网安全的关键技术，包括密钥管理机制、数据隐私以及安全路由协议；掌握针对物联网的攻击类型和解决方式。

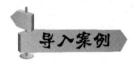

导入案例

物联网安全问题不容小觑

物联网的安全问题

在全世界范围内，数以亿计的物联网传感设备部署在工业、农业、商业、医疗等诸多领域，推动了相关领域的技术革新。例如，可穿戴设备可以帮助病人在家中实时监控自身的身体状况，从而减少去医院的次数；智能家居产品可以帮助用户监控家庭环境，使得生活更加舒适、节能与安全；部署在汽车上的传感器，在有危险的情况下可以提醒驾驶员，甚至帮助驾驶员控制汽车。然而，这些物联网应用在改变我们生活方式的同时，也带来了潜在的隐患。在 2018 年，全球物联网安全问题时有发生。2018 年 1 月，全球最大 CPU 制造商英特尔遭遇"史诗级"漏洞冲击；2018 年 5 月，一种新型 IoT 僵尸网络病毒对具有开放 Telnet 端口的设备发起暴力破解攻击；2018 年 8 月，IBM 研究发现，其三种智慧城市主要系统中存在多达 17 个安全漏洞，攻击者利用这些漏洞可轻松入侵报警系统；2018 年 11 月，黑客从全球数十万台打印机的开放式网络端口入手，对其中 5 万台打印机进行攻击。这些安全与隐私的问题，已经成为物联网中最具挑战的问题。

4.1 物联网安全风险报告

物联网时代已经到来,随着智能硬件创业的兴起,大量智能家居和可穿戴设备进入了人们的生活。根据 HIS 预测,2025 年全球物联网设备数量将达到 754.4 亿个。但是由于安全标准滞后以及智能设备制造商缺乏安全意识和投入,已经为物联网的应用埋下了极大隐患,此类隐患是个人隐私、企业信息安全甚至国家关键基础设施的头号安全威胁。试想一下,无论是家用或企业用的互联设备(如接入互联网的交通指示灯、恒温器),还是医用监控设备遭到攻击,后果都将非常可怕。

4.1.1 物联网安全体系

物联网总的体系结构通常由移动 App、云、网关、执行器和传感器五部分组成(见表 4-1)。

表 4-1 物联网总的体系结构

体系结构	说明
移动 App(Mobile)	大多数移动设备使用的应用程序,以实现手机端控制物联网环境来进行互动
云(Cloud)	Web 界面或 API 托管用于收集数据的云端 Web 应用和大型数据集分析。一般来说,就是在进行信息与其他资源共享时使用
网关(Gateway)	用于收集和控制传感器信息
执行器(Actuator)	通过物理过程控制事物,如空调机组、门锁、窗帘等
传感器(Sensor)	用于检测环境,如光照度、运动状态、温度、湿度、水量、电量等

物联网根据业务形态主要分为工业控制物联网、车载物联网、智能家居物联网。不同的业务形态对安全的需求不尽相同。

(1) 工业控制物联网涉及国家安全,再加上目前工业控制网络基本是明文协议,很容易遭受攻击。所以很早就有很多安全公司看到这块蛋糕,如威努特公司、匡恩网络公司等已经完成市场布局。其主要产品形态有工控防火墙、工控漏洞挖掘、主机白名单产品。工业控制物联网的安全需求基本是传统安全的思路。

(2) 车载物联网涉及驾车人员的生命安全。目前国内安全厂商 360 公司在这方面有所建树。在标准未确定前,安全厂商都想做升级版的车载诊断系统(On-Board Diagnostics, OBD),嵌入式安全硬件。国外相关安全厂商产品形态大致是 OBD 防火墙、云端大数据分析异常监控等。车载物联网的安全需求集中在车载核心物联网硬件安全上。

(3) 智能家居物联网涉及个人家庭隐私安全。这一块的安全投入比较少,但是大的家电企业相对来说投入会多一点。这也是物联网安全商业应用的机会。

当前一个典型的物联网项目,从组成上来讲,至少包括三部分:一是设备端(物理安全);二是云端(数据安全);三是监控端(运行安全)。三者之间遵照通信协议完成消息传输,物联网安全的威胁风险也主要来自这三部分。

相比于传统网络,物联网的感知节点数量庞大,并且时常被部署在无人监控的环境,具有能力脆弱、资源受限等特点。并且由于物联网是在现有传输网络基础上扩展了感知网络和智能处理平台，传统网络安全措施不足以提供可靠的安全保障，从而使得物联网的安全问题具有特殊性。

物联网的构成主要包括传感器、传输系统和处理系统三个方面，其安全形态也相应地体现在这三个方面。首先是物理安全，主要是指传感器的物理安全，主要包括干扰、屏蔽和截获传感器信号，体现了物联网安全的特殊性。其次是运行安全。运行安全问题存在于每个方面，会影响整个物联网的常规运作，这方面的安全问题与传统信息技术遇到的安全问题基本相同。最后是数据安全。数据安全的问题也是在三个方面都有体现，要保证数据安全，需要在传感器、传输系统和处理系统中建立防止数据被恶意窃听、修改和伪造等的安全机制。在这三个方面中，传感器和传输系统所遇到的安全威胁会比传统的信息技术更加复杂，这是因为物联网环境下的传感器由于成本限制，对数据处理能力等都有限，导致不能实现太过复杂的安全机制。

4.1.2 物联网安全风险现状

惠普安全研究院调查了 10 个最流行的物联网智能设备后发现，几乎所有设备都存在高危漏洞。其主要有五大安全隐患，一些关键数据如表 4-2 所示。

表 4-2 五大安全隐患

比例	安全隐患
80%的物联网设备	存在隐私泄露或滥用风险
80%的物联网设备	允许使用弱密码
70%的物联网设备	与互联网或局域网的通信没有加密
60%的物联网设备的 Web 界面	存在安全漏洞
60%的物联网设备	下载软件更新时没有使用加密

目前网上关于物联网安全的报道中有很多与安全相关的严重事件。例如，汽车因被黑客远程操纵而失控；摄像头因被入侵而遭偷窥；连网的烤箱被恶意控制干烧、洗衣机空转等。这些信息安全问题已经影响到了人们的人身、财产、生命安全，乃至国家安全。

1. 物联网通信协议安全

通信协议的安全性在物联网通信中起到重要作用，进而影响着物联网的发展。比如作为物联网协议之一的 MQTT(Message Queuing Telemetry Transport，消息队列遥测传输)协议，常常需要其部署在不安全的环境中，所以在协议设计过程中必须考虑安全性，以满足设备的信息完整性等要求。MQTT 在协议设计时就考虑到不同设备之间的计算性能差异，因而均采用二进制进行编解码，同时适用于低功耗低速网络；并且所有数据都经过云端进行通信，因此，安全性得到了保障。

2. 物联网设备安全

2016 年 CNVD(China National Vulnerability Database，国家信息安全漏洞共享平台)收录的物联网设备漏洞类型分别为权限绕过、拒绝服务、信息泄露、命令执行、缓冲区溢出、SQL 注入、弱口令和设计缺陷等漏洞。其中，权限绕过、拒绝服务、信息泄露漏洞数量位列前三，分别占收录漏洞总数的 23%、19%、13%。而对于弱口令(或内置默认口令)漏洞，虽然在统计比例中漏洞条数占比不大(2%)，但实际影响却十分广泛，成为恶意代码攻击利用的重要风险点。

2016 年 CNVD 公开收录的 1 117 个物联网设备漏洞中，影响设备的类型(以标签定义)包括网络摄像头、路由器、手机设备、防火墙、网关设备、交换机等。其中，网络摄像头、路由器、手机设备漏洞数量位列前三，分别占公开收录漏洞总数的 10%、9%、5%。

物联网设备安全问题

根据 CNVD 白帽子、补天平台以及漏洞盒子等来源的汇总信息，2016 年 CNVD 收录物联网设备事件型漏洞 540 个。与通用软硬件漏洞影响设备标签类型有所不同，主要涉及交换机、路由器、网关设备、GPS 设备、手机设备、智能监控平台、网络摄像头、打印机、一卡通产品等。其中，GPS 设备、一卡通产品、网络摄像头漏洞数量位列前三，分别占公开收录漏洞总数的 22%、7%、7%。值得注意的是，目前政府、高校以及相关行业单位陆续建立了一些与交通、环境、能源、校园管理相关的智能监控平台，这些智能监控平台漏洞占比虽然较少(2%)，但一旦被黑客攻击，带来的实际威胁却是十分严重的。

3．云安全

黑客入侵智能设备并不难，很多时候他们不需要知道物联网智能设备有哪些功能以及如何运作的。只要他们能侵入与智能设备连接的相关网站，他们就能操控物联网设备，而设备连接的网站通常都部署在云端，因此保护好云端安全也是保护好物联网安全的关键环节。云端一般包含三部分：Web 前台、Web 后台、中间件。

根据对 2016 年云产品的调研，发现云安全主要有十二大威胁，云服务用户和提供商可以根据这些威胁调整防御策略。安全威胁与防御策略如表 4-3 所示。

表 4-3　安全威胁与防御策略

安全威胁	防御策略
数据泄露	采用多因子身份认证和加密措施
凭证被盗或身份认证形同虚设	妥善保管密钥，建立防护良好的公钥基础设施。定期更换密钥和凭证，让攻击者难以利用窃取的密钥登录系统
界面和 API 被黑	对 API 和界面引入足够的安全机制。例如，第一线防护和检测；威胁建模应用和系统，包括数据流和架构设计，要成为开发生命周期的重要部分；进行安全的代码审查和严格的渗透测试
系统漏洞利用	修复系统漏洞的花费与其他 IT 支出相比要少一些。部署 IT 过程来发现和修复漏洞的开销，比漏洞遭受攻击的潜在损害要小。管制产业(如国防、航天航空业)需要尽可能快地打补丁，最好是作为自动化过程和循环作业的一部分来实施。变更处理紧急修复的控制流程，要确保该修复活动被恰当地记录下来，并由技术团队进行审核
账户劫持	公司应禁止在用户和服务间共享账户凭证，还应在可用的地方启用多因子身份验证方案。用户账户，甚至是服务账户，都应该受到监管，以便每一笔交易都能被追踪到某个实际的人身上。其关键在于，要避免账户凭证被盗

续表

安全威胁	防御策略
恶意内部人员	公司要自己控制加密过程和密钥,分离职责,最小化用户权限。记录、监测和审计管理员活动的有效日志
APT(Advanced Persistent Threat,高级持续性威胁)寄生虫:APT 渗透进系统,建立起桥头堡,然后在相当长一段时间内源源不断地、悄悄地偷走数据和知识产权	定期进行意识强化培训,使用户保持警惕不被诱使放进 APT,IT 部门需要紧跟最新的高级攻击方式。不过,高级安全控制、过程管理、时间响应计划以及 IT 员工培训,都会导致安全预算的增加。公司必须在安全预算和遭到 APT 攻击可能造成的经济损失之间进行权衡
永久的数据丢失	多地分布式部署数据和应用以增强防护;采取足够的数据备份措施,坚守业务持续性和灾难恢复最佳实践;要有云环境下的日常数据备份和离线数据存储
调查不足	用户每订阅任何一个云服务,都必须进行全面细致的尽职调查,弄清自身承担的风险
云服务滥用	用户要确保提供商拥有滥用报告机制。尽管用户可能不是恶意活动的直接猎物,云服务滥用依然可能造成服务可用性问题和数据丢失问题
DoS(Denial of Service,拒绝服务)攻击	DoS 攻击消耗大量的处理能力,最终都要由用户买单。尽管高流量的 DoS 攻击如今更为常见,公司仍然要留意非对称、应用级的 DoS 攻击,保护好自己的 Web 服务器和数据库
共享技术,共享风险	采用深度防御策略,在所有托管主机上应用多因子身份验证,启用基于主机和基于网络的入侵检测系统,应用最小特权、网络分段概念,实行共享资源补丁策略

4.2 物联网安全关键技术

作为一种多网络融合的网络,物联网安全涉及各个网络的不同层次。在这些独立的网络中已实际应用了多种安全技术,特别是移动通信网和互联网的安全研究已经历了较长的时间,但对物联网中的感知网络来说,由于资源的局限性,其安全研究的难度较大。

物联网的信息安全与隐私保护

4.2.1 密钥管理机制

密钥系统是安全的基础,是实现感知信息隐私保护的手段之一。对互联网来说由于不存在计算资源的限制,非对称和对称密钥系统都可以适用。互联网面临的安全主要来源于其最初的开放式管理模式的设计,这是一种没有严格管理中心的网络。移动通信网是一种相对集中式管理的网络,而无线传感器网络和感知节点由于计算资源的限制,对密钥系统提出了更多的要求。因此,物联网密钥管理系统面临两个主要问题:一是如何构建一个贯穿多个网络的统一密钥管理系统,并与物联网的体系结构相适应;二是如何解决传感网的密钥管理问题,如密钥的分配、更新和组播等问题。

实现统一的密钥管理系统可以采用两种方式：一是以互联网为中心的集中式管理方式，即由互联网的密钥分配中心负责整个物联网的密钥管理，一旦传感器网络接入互联网，通过密钥中心与传感器网络汇聚点进行交互，实现对网络中节点的密钥管理；二是以各自网络为中心的分布式管理方式。

在此模式下，互联网和移动通信网比较容易解决，但在传感网环境中对汇聚点的要求就比较高，尽管可以在传感网中采用簇头选择方法，推选簇头，形成层次式网络结构，每个节点与相应的簇头通信，簇头间以及簇头与汇聚节点之间进行密钥的协商，但对多跳通信的边缘节点，以及由于簇头选择算法和簇头本身的能量消耗，使传感网的密钥管理成为解决问题的关键。无线传感器网络的密钥管理系统的设计在很大程度上受到其自身特征的限制，因此在设计需求上与有线网络和传统的资源不受限制的无线网络有所不同，特别要充分考虑到无线传感器网络传感节点的限制和网络组网与路由的特征。

它的安全需求主要体现在以下 5 个方面。

(1) 密钥生成或更新算法的安全性。利用该算法生成的密钥应具备一定的安全强度，不能被网络攻击者轻易破解或者花很小的代价破解，即加密后能保障数据包的机密性。

(2) 前向私密性。对中途退出传感器网络或者被俘获的恶意节点，在周期性的密钥更新或撤销后无法再利用先前所获知的密钥信息生成合法的密钥继续参与网络通信，即无法参与报文解密或者生成有效的可认证的报文。

(3) 后向私密性和可扩展性。新加入传感器网络的合法节点可利用新分发或周期性更新的密钥参与网络的正常通信，即进行报文的加解密和认证行为等。能够保障网络是可扩展的，即允许大量新节点的加入。

(4) 抗同谋攻击。在传感器网络中，若干节点被俘获后，其所掌握的密钥信息可能会造成网络局部范围的泄密，但不应对整个网络的运行造成破坏性或损毁性的后果，即密钥系统要具有抗同谋攻击。

(5) 源端认证性和新鲜性。源端认证要求发送方身份的可认证性和消息的可认证性，即任何一个网络数据包都能通过认证和追踪寻找到其发送源，且是不可否认的。新鲜性则保证合法的节点在一定的延迟许可内能收到所需要的信息。新鲜性除了和密钥管理方案紧密相关外，与传感器网络的时间同步技术和路由算法也有很大的关联。根据这些要求，在密钥管理系统的实现方法中，人们提出了基于对称密钥系统的方法和基于非对称密钥系统的方法。

4.2.2 数据隐私

物联网的数据要经过信息感知、获取、汇聚、融合、传输、存储、挖掘、决策和控制等处理流程。而末端的感知网络几乎要涉及上述信息处理的全过程，只是由于传感节点与汇聚点的资源限制，在信息的挖掘和决策方面不占主要的位置。物联网应用不仅面临信息采集的安全性，也要考虑到信息传送的私密性，要求信息不能被篡改和非授权用户使用。同时，还要考虑到网络的可靠、可信和安全性。物联网能否大规模推广应用，很大程度上取决于其是否能够保障用户数据和隐私的安全。就传感网而言，在信息的感知采集阶段就要进行相关的安全处理，如对 RFID 采集的信息进行轻量级的加密处理后，再传送到汇聚节点。这里要关注的是对光学标签的信息采集处理与安全，作为感知端的物体身份标识，光学标签显示了独特的优势，而虚拟光学的加密解密技术为基于光学标签的身份标识提供了手段，基于软件的虚拟光学密码系统由于可以在光波的多个维度进行信息的加密处理，具有比一般传统的对称加密系统有更高的安全性，数学模型的建立和软件技术的发展极大地推动了该领域的研究和应用推广。

基于位置服务中的隐私内容涉及两个方面：一是位置隐私；二是查询隐私。位置隐私中的位置指用户过去或现在的位置；而查询隐私指敏感信息的查询与挖掘，如某用户经常查询某区域的餐馆或医院，可以分析该用户的居住位置、收入情况、生活行为、健康状况等敏感信息，造成个人隐私信息的泄露，查询隐私就是数据处理过程中的隐私保护问题。所以，我们面临一个困难的选择，一方面希望提供尽可能精确的位置服务，另一方面又希望个人的隐私得到保护。这就需要在技术上给以保证。目前的隐私保护方法主要有位置伪装、时空匿名、空间加密等。

4.2.3 安全路由协议

物联网的路由要跨越多类网络，有基于 IP 地址的互联网路由协议、有基于标识的移动通信网和传感网的路由算法，因此至少要解决两个问题：一是多网融合的路由问题；二是传感网的路由问题。前者可以考虑将身份标识映射成类似的 IP 地址，实现基于地址的统一路由体系；后者是由于传感网的计算资源的局限性和易受到攻击的特点，要设计抗攻击的安全路由算法。无线传感器网络路由协议常受到的攻击主要有以下几类：虚假路由信息攻击、选择性转发攻击、污水池攻击、女巫攻击、虫洞攻击、Hello 洪泛攻击、确认攻击等。针对无线传感器网络中数据传送的特点，目前已提出许多较为有效的路由技术。按路由算法的实现方法划分，有洪泛式路由，如 Gossiping 等；以数据为中心的路由，如定向扩散(Directed Diffusion)、SPIN(Sensor Protocol for Information via Negotiation，基于信息协商的传感器协议)等；层次式路由，如 LEACH(Low Energy Adaptive Clustering Hierarchy，低功耗自适应集簇分层)等；基于位置信息的路由，如 GPSR(Greedy Perimeter Stateless Routing，贪婪周边无状态路由)等。

4.3 针对 RFID 的攻击

RFID 是物联网的主要感知方式，其安全性至关重要。RFID 是一种非接触智能识别物体的技术。RFID 电子标签(有时也简称电子标签或标签)是物品数据的载体。通常电子标签的体积很小，可以粘贴在商品标牌上，也可以印刷在包装袋上，在进入读写器通信范围后，自动或在外力的作用下，把存储的信息发送出去，完成与读写器的通信。若信息在无线信道上传输时不经过任何处理，没有任何安全措施将会很容易被攻击者远距离秘密截获(见图 4.1)，泄露个人隐私和商业机密。例如，目前物流领域已经大规模使用 RFID 系统进行商品管理，商品在生产和销售的任何一个关键环节都有可能被竞争对手截取电子标签数据，从而获得有价值的商业信息，造成各种安全问题。就目前而言，信息泄露是阻碍 RFID 技术大面积推广的关键因素之一。

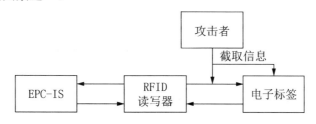

图 4.1 RFID 系统的安全威胁

RFID 系统一般由三部分组成：EPC-IS(EPC Information System)系统、读写器(Reader)、电子标签(Tag)。EPC-IS 数据库和读写器一般都具有足够的存储和计算能力，两者之间可以使用有线信道进行通信，目前互联网上的密码算法和安全协议完全可以保护它们的通信安全。因此对 RFID 系统的安全问题主要存在于读写器和电子标签之间。如何保证数据在开放的无线信道中的安全问题也是物联网安全研究的重点。

RFID 系统的电子标签与读写器是通过无线射频信号传输的，没有物理可见的接触，因此容易受到攻击。再加上实际应用对成本的要求，电子标签的存储空间和计算能力等都十分有限，这些都给 RFID 技术的安全接入带来了较大的困难。

4.3.1 攻击类型

RFID 系统受到的攻击种类多种多样，若想完美抵御所有的攻击几乎不可能。因此当前主流思想是根据 RFID 系统的不同应用，有针对性地进行防护。RFID 系统遭受的攻击主要有以下 7 种。

1. 物理攻击

利用物理方法对电子标签进行破坏或对电子标签信息进行窃取。如对电子标签使用大功率射频电场，使电子标签电路产生无法承受的超负荷电流，从而被烧坏等。

2. 窃听攻击

攻击者在电子标签与读写器的通信过程中进行窃听，若有信息以明文形式传输的，攻击者就可获得重要的隐私信息。

3. 中间人攻击

攻击者伪装成读写器向电子标签发送通信请求，从而获得电子标签的响应。在下次通信过程中再将信息发送给合法读写器，假冒成电子标签通过认证。也可以通过伪造的电子标签与读写器通信，获取读写器信息，并最终假冒成读写器。

4. 哄骗攻击

攻击者在每次电子标签与读写器进行通信时窃听电子标签发出的信息，并将这些信息存放到自己制造的伪造电子标签中。当读写器再次发送认证信息时，伪造的电子标签再将此信息发送给读写器，从而伪装成合法的电子标签通过读写器的认证。

5. 重放攻击

当读写器发送认证信息时，攻击者获取电子标签对其的响应信息。存储起来并且不断地将截获到的响应信息重复发送给读写器，以此通过读写器的认证。

6. 位置跟踪

攻击者通过发送简单的查询命令，获得电子标签的唯一标识，从而实现跟踪电子标签位置的目的。

7. 去同步攻击

攻击者截取读写器对电子标签发送的更新信息，使得下次通信时，电子标签的认证信息与后端数据库的认证信息不同步，无法认证其合法性。

4.3.2 解决方案

实现 RFID 安全机制所采用的方法主要有物理安全机制和基于密码技术的软件安全机制两类。

1. 物理安全机制

(1) 死亡和睡眠机制。死亡机制是为了保护用户的隐私，在销售终端用物理方法对产品电子标签进行毁灭。电子标签在收到读写器发出的毁灭指令后自动进行销毁，对于外界读写器的查询等命令不再做出任何应答或执行任何操作。可电子标签一旦被毁灭便无法再次使用，这使得 RFID 技术的众多优点也无法实现。目前 RFID 的应用环境中，一般希望电子标签能够重复利用。例如，图书馆和出租店需要电子标签能够持续使用，便无法使用这种毁灭机制。更为重要的是，虽然发出了毁灭指令，但由于毁灭后的电子标签不会再有任何应答，无法验证电子标签是否真的被销毁。

睡眠机制是在死亡机制的基础上提出的改进，它在销售终端对产品发出的毁灭指令变为了睡眠指令，使电子标签暂时失效，需要时再将其唤醒。这种方法管理起来十分困难，并且如果任何人都可以对其进行唤醒，那么睡眠电子标签便没有真正对用户的隐私进行保护。同时这种电子标签的成本也会更高。

(2) 静电屏蔽机制。静电屏蔽的工作原理是利用法拉第笼屏蔽电子标签，使之不能接受任何读写器的信号，以此来保护用户隐私。理想的法拉第笼是由没有破损的完美导电层所组成，将电子标签放入法拉第笼中进行屏蔽，这样指定频段的无线电信号将无法穿透外罩，读写器无法激活电子标签并与之进行通信。但实际应用中这种理想状态很难达到，人们常用配有金属环绕的袋子来阻隔电磁波的通过。采用静电屏蔽机制需要额外的物理设备，使用上并不方便且提高了成本。

(3) 主动干扰。主动干扰的基本原理是使用一个设备持续不断地发出干扰信号，以干扰任何靠近电子标签的读写器所发出的信号。电子标签持有者需要携带一个可发送干扰信号的设备，打开设备进行主动干扰。除了携带额外的设备带来的不便外，主动干扰有可能会破坏其他合法的读写器与电子标签间的沟通，如果主动干扰设备发送的信号超过要求的频率范围，还可能引起法律上的争端。

(4) 阻塞机制。阻塞机制应用了一种设置了隐私位的阻塞电子标签，该电子标签具有被动干扰器的能力。当检查到电子标签的安全受到威胁，如用户购买完商品离开商场时，阻塞电子标签的隐私位将进行修改，发出干扰信号。阻塞电子标签用此方式来保护电子标签信息的安全，防止攻击者的恶意扫描。但应用了阻塞机制的 RFID 系统读写器必须使用特定的分离算法，使得应用具有局限性。更严重的是这种拦截方式并不是每次都可以成功，攻击者可以利用信号强度等特点将其过滤。

2. 基于密码技术的软件安全机制

目前，RFID 技术已经逐渐成为很多行业不可缺少的技术工具和手段，因此若没有可靠的信息安全机制，就无法有效地保护电子标签中的数据。若数据被窃取或被恶意篡改，将可能给国家和社会带来不可估量的损失，为了提高国家的综合竞争实力，推动 RFID 技术的普及，越来越多的研究机构和个人加入 RFID 安全研究中来，并提出了很多认证方案。这些认证方案大体可分为四类：基于密钥的安全认证协议、基于 Hash 函数的安全认证协议、基于简单逻辑运算的安全认证协议和针对某一特定应用的安全认证协议。在此主要介绍几种基于 Hash 函数的安全认证协议，并简单分析它们的优缺点。

Hash 锁协议是由 Sarma 等人提出的，使用密钥 key 的散列值 metaID 来代替真实的电子标签 ID，metaID=Hash(key)。其认证过程如图 4.2 所示。

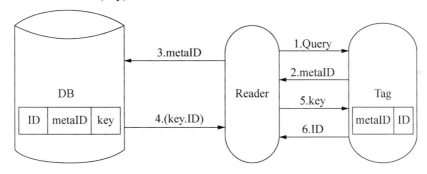

图 4.2　Hash 锁协议认证过程

该协议的认证过程包括以下几个步骤。

步骤 1：当电子标签进入读写器的通信范围后，读写器向电子标签发送请求 Query 信号。

步骤 2：电子标签收到 Query 后，把 metaID 发送给读写器作为响应。

步骤 3：读写器把收到的数据转发给后台数据库。

步骤 4：后台数据库根据接收到的 metaID 查找对应的标签密钥 key、标识符 ID，若查找成功则将它们发送给读写器，认证成功。若查找失败则认证失败。

步骤 5：读写器收到 key、ID 后，存储标识符 ID，并把密钥 key 转发给电子标签。

步骤 6：电子标签根据收到的 key，计算 Hash(key)，并判断 Hash(key)=metaID 是否成立。若判断成功，则把电子标签的 ID 发送给读写器。

步骤 7：读写器把收到的 ID 与之前存储的标识符 ID 进行比较。若相等，则电子标签认证通过，判断为合法电子标签；否则读写器中断通信，电子标签判断为非法电子标签。

Hash 锁协议使用 metaID 来代替真实的电子标签标识符，避免了 ID 信息的泄露。协议对硬件电路要求相对简单，适合低频电子标签。但是在协议中 ID 最后以明文的形式进行传送，且其哈希值(metaID)一直保持不变，通信过程非常容易受到假冒攻击、重放攻击和位置跟踪。

随机化 Hash 锁协议是 Hash 锁协议的升级版。它是 Weis 等人为解决 Hash 锁协议中的漏洞而提出的。升级之后的协议用随机数 R 取代了密钥 key。其认证过程如图 4.3 所示。

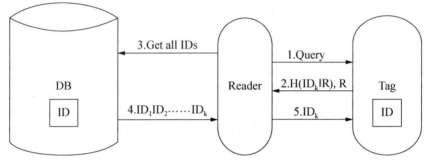

图 4.3 随机化 Hash 锁协议认证过程

随机化 Hash 锁协议虽然对 Hash 锁协议进行了升级但仍然存在安全漏洞。首先电子标签被判断为合法电子标签后，其标识符 ID 还是以明文的形式在读写器和电子标签之间的不安全信道中传输，这样攻击者很容易假冒电子标签。其次，在此协议中攻击者能根据信息推断出历史信息，不具有良好的前向安全性。

随后 Rhee 等人提出了基于挑战—响应的分布式环境安全认证协议。其认证过程如图 4.4 所示。该协议给电子标签和读写器分别置入了一个随机数产生器，使通过安全信道传送给后台的数据每次都不同，响应值变得不可预测，能有效抵抗位置跟踪和重放攻击。但此协议只适用于分布式数据环境，在后台操作系统对 ID 进行识别时，要进行大量计算，实用性不高。

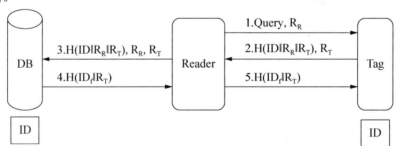

图 4.4 基于挑战—响应的分布式环境安全认证协议认证过程

4.4 基于 RFID 的物联网安全

RFID 技术是物联网的重要实现技术之一。在物联网的环境下，RFID 节点的覆盖范围很广、数量众多且环境复杂，加上传输过程中需要运用互联网等技术，会遇到许多新的安全威胁与挑战。

4.4.1 安全威胁

1. 复杂物联网的安全性

互联网的演进伴随着节点数的增加、节点多样化、协议复杂化。物联网的复杂性将比传统互联网的复杂性更高。随着感知终端、射频电子标签等节点的数量及功能的不断增加，节点内容需要在全球的信息空间和通用的数据空间中进行识别和数据处理，这给传统的分布式数据库技术带来了不小的挑战。复杂性的增加要求物联网具有更全面的防御机制。

2. 低成本安全机制的安全性

RFID 的应用对成本有较为严格的要求，但在某些对安全性要求很高的应用环境中，可以适当牺牲成本来保障 RFID 系统的安全。而在物联网环境中，由于射频电子标签节点的数量会成百上千倍的增加，对于成本的限制将更为苛刻。这将进一步减弱射频电子标签的计算能力和存储能力。在某些特定的应用环境中，其耗能也将受到严格限制。如何在成本有限的情况下满足高安全性，这对新的安全机制提出了很高的要求。

3. 本地节点的物理安全性

感知层的感知节点通常部署在复杂的或无人监控的环境下，因此不仅会受到一般无线网络所面临的信息泄露、信息篡改、拒绝服务等攻击的威胁，还面临着攻击者对传感节点的物理操纵、破坏，极端恶劣天气或自然灾害对传感节点的破坏等威胁。传感节点的数量十分庞大，很难对每一个节点都进行监控和保护。

4. 网络传输的安全性

互联网的覆盖范围广泛，传输速度快，是人们日常生活中不可或缺的重要工具。但是互联网在给人们带来方便的同时，也存在不少安全隐患。互联网技术存在漏洞，容易受到窃听、冒充等多种攻击，并且存在病毒、黑客等多种不安全因素。在物联网环境下，RFID 的读写器、后端数据库等均有可能被攻击者控制。一旦受到攻击，重要数据可以轻易地被获取并传送到千里之外，造成无法弥补的损失。而且一个点的攻击便可能影响整个物联网的安全。

4.4.2 网络攻击

物联网的复杂程度很高，因此受到的攻击种类也很多。在 4.3 节中重点介绍了针对 RFID 的攻击，本节将对网络传输中常见的一些攻击方式进行简单介绍。

1. 阻塞攻击

攻击者首先获得通信过程所使用的频率，然后向攻击目标不断发送相同频率的强干扰信号，造成接收设备如读写器饱和，产生非线性失真，严重时会发生阻塞，使得合法节点发送的信号无法正常被接收。阻塞攻击是一种典型的拒绝服务攻击。

2. 碰撞攻击

攻击者在接收设备如读写器的工作范围内不断发出垃圾数据，使合法节点发出的数据包与其发生数据碰撞，造成有用的数据出现丢失或传输错误。碰撞攻击也是一种拒绝服务攻击。

3. 耗尽攻击

耗尽攻击的种类很多，常见的有 SYN Flooding、ICMP attack 等。其核心内容大体都是利用协议或系统的缺陷，不断地向攻击目标发送大量通信请求或响应，从而导致节点或接收器的资源耗尽(如对网络带宽的消耗或对 CPU 与内存的占用等)。

4. 选择转发攻击

攻击者首先俘获一个合法节点，将经过自身的带有重要信息的数据包抛弃，同时通过转发一部分作用不大的数据包来伪装合法节点，使得接收器无法获得关键数据，达到持续破坏网络性能的目的。

5. Hello 洪泛攻击

恶意节点以洪泛方式向周围的合法节点发送信号非常强的 Hello 分组信息。收到 Hello 分组的合法节点会将攻击者当成是合法的邻居节点，并且将其看成是一条优秀路径。周围的合法节点也会优先将自己的信息发送给恶意节点。一些性能相对较弱的合法节点就会丢失一部分信息，造成网络性能的下降。

6. 女巫攻击

攻击者伪装成多个合法的节点，从而对网络进行破坏。影响数据之间的融合、攻击的及时发现和响应、节点的位置信息以及资源的合理使用等。

4.4.3 解决方案

对于基于 RFID 的物联网遇到的新威胁，需要一些新的机制来保障其安全性。目前针对这一方面的研究还属于起步阶段。本小节根据现有的一些针对物联网及 RFID 的安全挑战及相关安全策略进行分析和总结，给出几个针对基于 RFID 物联网威胁的解决方案。

1. 建设物联网安全架构

由于庞大物联网的复杂性较高，应根据物联网中不同的应用，设计合理的安全架构以提高整体安全，如坚持功能最小化原则，尽量限制节点的功能、通信距离、远程访问和控制能力，使安全威胁的破坏程度降低。尽量采用网关结构的组网，使功能相对较强的网关实现互联网通信和必要的安全机制，而末端节点只实现最基本的报告事件和参数等功能。

2. 建设物理安全机制

在 RFID 系统中，可通过视频监控和人工看守等方法对射频电子标签进行守护。但在物联网环境中，由于节点数量较大，难以具备高级的物理防护，这就需要从协议及系统上增加对物理安全的检测及响应机制。需要研究如何检测物联网中节点的物理安全状态,物理安全遭到破坏时,如何及时警告并采取相应措施,以及如何在架构上保证对物理损坏有较好的鲁棒性。

3. 建设网络安全机制

物联网中综合利用了各种网络技术,如有线和无线通信技术、固定和移动技术、长距和短距通信技术、集中式和分布式网络技术等。根据应用的不同,物联网网络可能也具有不同要求,如动态能力、自组织能力、自配置能力等。因此在物联网安全机制方面,除了传统网络安全机制和各种通信协议的安全标准外,需要研究适合物联网的分布式、自组织、具有自配置能力的网络安全技术。

4.5 本章小结

本章介绍了物联网安全关键技术和基于 RFID 的物联网安全技术。在针对 RFID 的攻击方面,介绍了攻击类型以及相应的解决方法。在基于 RFID 的物联网安全方面,重点介绍了安全威胁和网络攻击,以及相应的解决方案。

习　　题

1. 物联网安全风险现状包括哪几类?
2. RFID 系统遇到的攻击类型有哪些?
3. 物联网的安全威胁有哪些?
4. 网络传输中常见的攻击方式有哪几种?

第 4 章习题答案

第 5 章
物联网技术在商业中的典型应用

本章的教学目的是使学生了解物联网的商业应用现状,以及物联网技术的几种典型应用,包括智慧城市、智慧医疗、智慧农业,以及在环境保护中的应用。

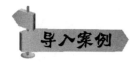

物联网商业应用无处不在

物联网凭借与新一代信息技术的深度集成和综合应用,在部分领域正带来真正的"智慧"应用。例如,在可预测维护方面,物联网技术可以检测出设备何时需要维护,减少停机时间及成本;在自动化库存管理方面,物联网技术可以自动跟踪库存地点和状态;在远程病人监测方面,物联网技术可以帮助医生实现远程实时监控病人的健康状况,提升医治效率并降低医疗成本;在联网汽车方面,物联网技术使得汽车的互联性不断提高,具备更好的安全性能、导航能力以及驾驶舒适性。

5.1 物联网商业应用现状

目前国内的物联网商业应用涉及方面有个人可穿戴设备、运动健身、健康、娱乐、体育、家庭自动化、智能路由、安全监控、智能厨房、家庭机器人、传感检测、智能宠物、智能花园、跟踪设备、车联网、智能自行车/摩托车、零售、支付/信用卡、智能办公室、现代制造、能源工业、工业可穿戴设备等。

1. 物联网推动工业转型升级

物联网在工业领域有坚实的应用基础,主要集中在制造业供应链管理、生产过程工艺优化、产品设备监控管理、环保监测及能源管理、安全生产管理等环节。物联网在钢铁冶金、石油化工、机械装备制造和物流等领域的应用比较突出，传感控制系统在工业生产中成为标准配置。例如，工程机械行业通过采用 M2M(Machine to Machine，机器对机器)、GPS 和传感技术，实现了百万台重工设备在线状态监控、故障诊断、软件升级和后台大数据分析，使传统的机械制造引入了智能。采用基于无线传感器技术的温度、压力控制系统，在油田单井野外输送原油过程中彻底改变了人工监控的传统方式，大量降低能耗，现已在大庆油田等大型油田中规模应用。物联网技术还被广泛用于全方位监控企业的污染排放状况和水、气质量监测，我国已经建立工业污染源监控网络。

2. 物联网应用在农业领域激发出更高效的农业生产力

物联网可以应用在农业资源和生态环境监测、农业生产精细化管理、农产品储运等环节。以山东禹城"智慧农业"项目为例，利用卫星遥感、视频监控、无线感知等先进技术，整合多种涉农资源，建成了农村信息化服务网络，已覆盖 1 000 多个村，使禹城的机械耕作成本大大降低，农田节水、节肥 20%以上。黑龙江农垦区采用自动辅助驾驶系统后，机车作业效率提高 50%以上，通过稻田渠道出入口流量实时监测和控制，大大节约了灌溉用水。国家粮食储运物联网示范工程采用先进的联网传感节点技术，每年可以节省几亿元的清仓查库费用，并减少数百万吨的粮食损耗。

3. 在交通运输方面利用物联网可以优化资源、提升效率

近几年，我国智能交通市场规模一直保持稳步增长，在智能公交、电子车牌、交通疏导、交通信息发布等典型应用方面已经开展了积极实践。智能公交系统可以实时预告公交到站信息，如广州试点线路上实现了运力客流优化匹配，使公交车运行速度提高，惠及沿线 500 万居民公交出行。电子不停车收费系统(Electronic Toll Collection，ETC)是解决公路收费站拥堵的有效手段，也是确保节能减排的重要技术措施，根据国家发展改革委与交通运输部于 2019 年 5 月 28 日联合印发的《加快推进高速公路电子不停车快捷收费应用服务实施方案》："到 2019 年 12 月底，全国 ETC 用户数量突破 1.8 亿，高速公路收费站 ETC 全覆盖，ETC 车道成为主要收费车道，货车实现不停车收费，高速公路不停车快捷收费率达到 90%以上。"我国已有 5 个示范机场依托 RFID 等技术，实现了航空运输行李全生命周期的可视化跟踪与精确化定位，使工人劳动强度降低 20%，分拣效率提高 15%以上。

4. 物联网在智能电网领域的应用相对成熟

国家电网公司已在总部和 16 家省公司建立了"两级部署、三级应用"的输变电设备状态监测系统，实现对各类输变电设备运行状态的实时感知、监视预警、分析诊断和评估预测。在用户层面，智能电表安装量已达到 1.96 亿只，用电信息自动采集突破 2 亿户。2014 年国家电网启动建设 50 座新一代智能变电站，完成 100 座变电站智能化改造，全年安装新型智能电表 6 000 万只。根据国家电网公司规划，到 2021 年，将初步建成泛在电力物联网，初步实现统一物联管理，各级智慧能源综合服务平台具备基本功能。到 2024 年，建成泛在电力物联网，全面实现业务协同、数据贯通和统一物联管理，形成共建共治共享的能源互联网生态圈。

5. 物联网在民生服务领域大显身手

通过充分应用 RFID、传感器等技术，物联网可以应用在社会生活的各个方面。例如，在食品安全方面，我国大力开展食品安全溯源体系建设，采用二维码和 RFID 标识技术，建成了重点食品质量安全追溯系统国家平台和 5 个省级平台，覆盖了 35 个试点城市，789 家乳品企业和 1 300 家白酒企业。目前药品、肉菜、酒类和乳制品的安全溯源正在加快推广，并向深度应用拓展。在医疗卫生方面，集成了金融支付功能的一卡通系统推广到全国 300 多家三甲医院，使大医院接诊效率提高 30%以上，加速了社会保障卡、居民健康卡等"医疗一卡通"的试点和推广进程。在智能家居方面，结合移动互联网技术，以家庭网关为核心，集安防、智能电源控制、家庭娱乐、亲情关怀、远程信息服务等于一体的物联网应用，大大提升了家庭的舒适程度和安全节能水平。

6. 智慧城市成为物联网发展的重要载体

智慧城市的建设为物联网等新一代信息技术产业提供了重要的发展契机和应用的载体，物联网则为实现安全高效、和谐有序、绿色低碳、舒适便捷的智慧城市目标发挥了重要作用。遍布城市各处的物联网感知终端构成城市的神经末梢，对城市运行状态进行实时监测，从地下管网监测到路灯、井盖等市政设施的管理，从高清视频监控系统到不停车收费，从水质、空气污染监测到建筑节能，从工业生产环境监控到制造业服务化转型，智慧城市建设的重点领域和工程为物联网集成应用提供了平台。

我国目前有超过 300 个城市启动了智慧城市的规划和建设，资金、人力、社会各类资源向智慧城市领域有效聚集。中央及地方政府加强了智慧城市的政策措施制定。以"智慧北京"为例，确立了 10 个物联网应用工程。其中，智能人群动态感知工程可以在公交、地铁、商场等人群密集地区实时感知人的信息，绿色北京宜居生态工程通过传感技术实现对土地资源的实时监控，并对污染物和垃圾处理进行全过程跟踪监控，此外在社会管理、药品食品追溯、市民卡、社区管理等领域也规划了相关应用。

5.2 智 慧 城 市

物联网在提高城市的智能化中起着至关重要的作用，例如，城市中空余停车位监控(智能停车场)、建筑物和桥梁振动远程监测(结构健康)、城市广场以及敏感区域音频监控(噪声城市地图)、车辆和行人检测分析(交通拥堵决策)、城市路灯能够根据天气变化而自适应照明(智能照明)等。在这些应用中，RFID、传感器以及无线传感器网起到了至关重要的作用。

1. 数字城市

传感器之城桑坦德是一个位于西班牙北部拥有 18 万人口的小城(见图 5.1)。2010 年，坎塔布里亚大学的路易斯·穆尼奥斯教授耗资近 900 万欧元在这里打造了一个约 6 平方千米的数字智能城市试点(Smart Santander)。近 10 000 个传感器被布置在路灯、电线杆、建筑墙面、停车场沥青铺装层、城市下水道等静态物体上，实时监测着城市中的灯光、温湿度、空气污染、城市噪声、路面交通、城市水循环等；另外 10 000 个传感器被安装在公交车、出租车、警车、垃圾清运车等动态物体上,传感器会采集每辆车的实时位置信息、行驶里程数、当前运行速度以及车体周围环境参数(如空气污染水平)。

图5.1 传感器之城桑坦德

日复一日,这些传感器就能收集到它们可以测量到的一切数据,包括光线、压力、温度、湿度,甚至车辆和行人的动作。每隔几分钟,它们就会把这些数据传输到穆尼奥斯在大学的实验室,那里已经成为整个城市的数据收集中心。每条公交路线的巴士都会向穆尼奥斯的实验室发送它所在的位置、里程数和行驶速度,以及它周边的环境参数。出租车和警车也不例外。甚至桑坦德的居民自己也可以选择成为"人体传感器",他们需要做的仅仅是在带有GPS功能的手机上下载一个特殊的应用程序。

作为一个数字化城市,桑坦德的一切都被记录下来。一台中央计算机会将所获得的数据编译成一幅不断更新的图表。通过该系统,可以确切地知道哪个路段堵车,哪里的空气质量较差。噪声和臭氧的数据图可以显示该城市哪个地区的数据超过了欧盟的标准。如果某条街道因发生意外被封锁,穆尼奥斯可以实时观测到该事件对城市其他地方交通情况的影响。

过去,桑坦德市长德拉塞尔纳会派人在夜间巡逻,检查路灯故障情况。而现在,穆尼奥斯的计算机就能通知市政当局,哪里需要更换灯泡。此外,该系统还可以自动根据需要调节路灯的亮度,如街上空无一人时,灯光就会变暗;满月时的灯光也可以比雨夜时暗些。

在不久的将来,穆尼奥斯的传感器还将具备帮助公园优化花草灌溉用水量的功能,不至于造成水资源浪费。此外,清洁工将再也不必每天沿着街道查看每个垃圾箱,因为传感器会事先通知他们哪个垃圾箱需要清空。

这些传感器日夜不停地工作,每2分钟采集一次城市信息,并将信息传送到位于坎塔布里亚大学实验室的数据处理中枢。城市居民和游客可以通过安装智能手机应用程序——City Pulse与数字城市交互,触摸城市脉搏。

2. 智慧照明

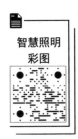

让城市更具可持续性、更高效，最终更适于人们生活居住是飞利浦公司开发 CityTouch 的初衷。CityTouch 是面向户外照明的软件平台，可以实现路灯按需自适应照明，并能在线检查路灯的能耗量以及确定需要维修的路灯，CityTouch 为用户提供简单的网络应用，用于管理路灯并分析照明数据以制定更好的决策(见图 5.2)。目前，CityTouch 已在 31 个国家和地区的 250 多个城市投入使用。

图 5.2　CityTouch 智慧照明

美国洛杉矶于 1935 年通过一项条例，为街道照明设立专项基金。至今，在洛杉矶约 12 000 千米的道路上拥有 400 多种不同风格共计 21.5 万个路灯，路灯数量占美国所有城市之首。传统的路灯检修是依靠市民反馈以及派维修人员在夜间对街道巡查的方式获取信息。2015 年，洛杉矶市长 Eric Garcetti 提出让街道重现活力的倡议，路灯局局长 Ed Ebrahimian 响应号召，在每台路灯上集成了移动芯片，采用 CityTouch 软件将传统的城市路灯升级成为云照明系统，从而实现对 12 000 千米的 10 万个路灯进行远程云技术控制、监控状态及耗电量等操作(见图 5.3)。不仅创造了一个更宜居的城市，也成为飞利浦在智慧城市照明应用领域中的首个成功范例。

图 5.3　洛杉矶的智慧照明

飞利浦照明2017年将全球广受好评的智能互联道路照明系统飞利浦CityTouch flex引入中国，为中国的智慧城市建设提供有力保障。作为一个集成了包括专业高效的智能互联照明灯具、数据通信、直观易用的云服务软件平台以及专业服务的道路照明系统，飞利浦照明CityTouch flex使城市照明的管理更节能、高效、人性化。飞利浦CityTouch flex还可以与其他智慧城市管理系统兼容互通，赋予智能互联道路照明新的定义。

飞利浦CityTouch flex系统拥有两大特点。

(1) 先进的系统功能。飞利浦CityTouch flex以云服务为主架构，搭配高度扩充性的软件应用使城市管理者可通过手机／平板即可远程即时监控或调试灯具。飞利浦CityTouch flex通过稳定可靠的窄带物联网协议或现有的电信网连接遍布全市的灯具，将灯具运行信息存储于云服务平台或终端服务器。借助飞利浦CityTouch flex，城市路灯成为直观的照明资产，拥有详尽的资产资料、维护历史、运行时间，甚至功率消耗等信息。安装灯具后，现场安装工人可通过手机扫描二维码立即启动灯具并将其显示在控制系统的地图上，方便在线管理(见图5.4)。

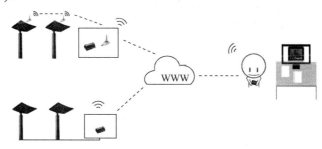

图5.4　飞利浦 CityTouch flex 系统在线管理示意图

(2) 强大的可扩展性。开放式的系统特性决定了飞利浦CityTouch flex能与其他城市管理系统和谐兼容，有利于打造智慧城市应用生态圈。飞利浦CityTouch flex不仅能集中将城市道路上的所有路灯、投光灯、公园或高速公路上的灯具互通管理，还能通过兼容多种传感设备作为输入信号将道路照明系统与其他系统兼容连接，亦可开放应用程序编程接口与安防、车流、交通信号管理等其他系统对接，使得智慧城市管理名副其实。值得一提的是，飞利浦CityTouch flex作为云服务平台系统可不断通过更新软件升级兼容性。

3. 智慧之家

2016年3月，智慧之家落户于重庆南岸区的国家物联网产业示范基地(见图5.5)。智慧之家总面积约250平方米，分为上下两层，共耗资400万元。整栋房子是全钢结构的，左右墙面是由植物墙构成，低碳环保。

智慧之家的各个角落都安装有传感器，可以获取PM2.5、二氧化碳浓度、温湿度、噪声等实时数据，并将其显示在门口的LED显示屏上。智慧之家前的草地上，会根据检测到的土壤湿度自动灌溉；房间的玻璃采用光导技术，确保室内在任何天气下均采光充足；当人关闭厨房、卫生间等区域的玻璃门后，玻璃门会自动模糊化，保护住户隐私；厨房的玻璃墙可以兼顾投影触摸屏，不仅可以播放音视频，还可以对电器进行控制；房间安装有烟雾检测器，当检测到有人抽烟，装有传感器的窗户就会自动打开；房间的灯光、窗帘、空调、安防等系统可以根据光线和屋内是否有人自动调节。

图 5.5　重庆智慧之家

5.3　智慧医疗

目前，社会关注的医疗问题主要有医疗体系效率较低、医疗服务质量欠佳及看病难看病贵等就医现状。如何最大限度地发挥现有医疗资源效益，使患者快速、低成本地享受更好的诊疗服务，成为管理者一直在思考的问题。

物联网技术在医疗领域具有非常良好的应用前景。智慧医疗可以对移动的物体、医疗工作人员和病人实现智能化识别和认证、定位、跟踪、感知、监控和管理。通过分析患者在医院的滞留时间，改进医院流程；通过识别患者的身份，确保病人安全，减少意外事件的发生；结构化电子病历提高病历质量和维护效率；配合门禁系统进行婴儿识别，防止盗窃婴儿事件的发生；识别医护人员用于授权访问和改善工作作风；对医院资产进行识别和认证，避免重要设备和物品被盗和丢失。

在智慧医疗中，自动数据采集和传输的主要目的是减少表单处理时间、过程自动化、自动护理和程序审核以及医疗库存管理。传感器设备以病人为中心，在诊断病人时可以实时提供病人健康指标的体征信息，如温度、血压、心率、胆固醇水平、血糖等；远程智慧医疗还可以监测并提醒患者遵守医嘱，按时服药。

1. 医疗物联网

"物联网+医疗"可以实现对救护车更加合理的调度、专家远程会诊、病历电子化管理分析、医院人流量监控等(见图 5.6)。美国俄勒冈州的神圣心脏病医疗中心安装了一套名为 Versus Technology 的红外线和 RFID 混合系统。每个急诊病人身上会佩戴一个徽章，徽章内置了两个电池供电芯片，每个芯片都可以发送一个代表病人身份的 ID，感应器每 3 秒钟接收一次徽章信号，无论急诊病人在哪个门诊部进行诊断、抽血、照 X 光片等检查，病人信息都可以及时反馈给后端数据库并根据 ID 存档在对应的病人数据库中。除病人就医信息外，还可以记录病人在医院各部门的停留时间。这些信息会显示在医院的 18 台电子公告栏上。与此同时，约 100 位医护人员也佩戴徽章，不仅可以判断急诊病人何时接受护理、查看对应的医护人员名单，还可以根据徽章在房间里的停留时间来自动按需分配医护人员。

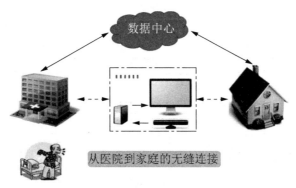

图 5.6　医疗物联网

在中国，医疗物联网的发展也如火如荼。2010 年，武汉市选择市中心医院糖尿病区开展示范试点，实现了基于三网融合的病房内多媒体信息自动服务、移动查房、医疗物联网示范应用、"先诊疗后结算"的院内一卡通等预期建设目标；2013 年，武汉市全面启动智慧医疗建设，以电子病历为基础的智慧医疗已覆盖 30 家医院；2014 年，郑州人民医院医疗集团与科研机构通过探索，在全国推出医疗创新模式——搭建基层卫生物联网平台。该平台可以为居民建立动态的健康档案，通过无线传输，直接存入数据库。医院可以通过健康档案，及时掌握居民的健康状况。同时，患者也可以通过物联网平台随时与专家"面对面"，实现足不出户就诊。

2015 年，在《国务院关于积极推进"互联网+"行动的指导意见》指引下，中国非公立医疗机构协会物联网医疗专业委员会在安徽芜湖成立。这一举措将有力推动社会力量兴办医疗卫生事业的发展。同时，云计算、物联网、移动互联网、大数据等信息化技术的快速发展，为优化医疗资源和服务流程、提高服务效率提供了条件，进一步推动了医疗健康服务模式和管理模式的深刻转变。

2. 远程云医院

智慧医疗中的远程医疗可以打破地域界限，让偏远地区的患者也能享受到高水平的医疗服务，同时还可以提高大城市的医疗服务水平，促进医学发展，进而更合理地配置医疗资源。华为推出了云医院的概念，云医院以互联网为依托，以大数据、物联网、移动互联网等技术为支撑，与传统医疗业务交叉渗透，从而达到使医疗资源配置和利用更大化、就医方式和途径多样化、就医流程和机制便捷化、诊疗咨询和处置高效化、就医需求和服务个性化的目的。

远程云医院

华为的远程医疗解决方案(见图 5.7)可以针对不同的医疗机构，提供不同类型的接入方式，可以保障专家即使在家或途中，也可以通过远程医疗参与病人的会诊。同时，患者的图像及病历、生命体征、检查报告等医疗数据也可以通过远程医疗平台无损呈现给医护人员。

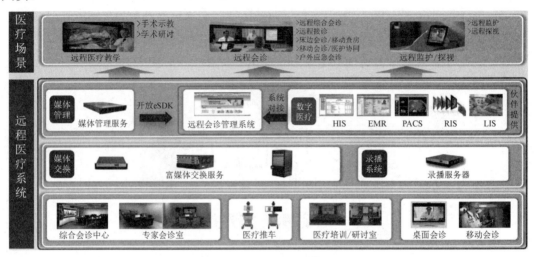

图 5.7　华为远程医疗解决方案

5.4　智慧农业

气候变化、人口增长和日益稀缺的土地资源是目前农业领域所面临的困难。智慧农业的出现可以帮助农民最大限度地减少投入浪费，提高耕地生产力。智慧农业涉及农业各个领域，如精细农业、智能温室、家畜监测、鱼类养殖等。智慧农业借助卫星、传感器、无线传感网等技术手段，利用智能手机或平板电脑进行控制，实现农业过程电子化，通过分析耕地情况，合理地在耕地上分配种子、肥料和农药；控制农产品生长环境的条件(如帮助改善和加强农业土壤含水量等)，最大限度地提升水果和蔬菜产量与品质；通过预测干旱、雨、雪、风等气候变化，调整湿度和温度水平，防止真菌和其他微生物污染的产生。

1. 智能农作物种植系统

传统的农作物种植，是依靠农民的经验和感觉进行浇水、施肥、打药。伴随着物联网与农业的结合，智能农业可以实现通过空气温湿度传感器、二氧化碳传感器、土壤温湿度传感器、土壤盐分传感器、光照度传感器等对果蔬大棚、种植园的现场环境进行精准感知，实现自动按需实时定量地精确灌溉、施肥、喷洒农药，实现智能种植；农业专家也可以通过网络专线进行远程诊断(见图 5.8)。利用 RFID 技术还可以构建农产品的安全质量追溯系统，全程追溯农产品各个环节的详细信息，从根本上解决并防止食品安全事故的发生。

2002 年，英特尔公司在美国俄勒冈州建立了首个无线葡萄园。传感器节点遍布葡萄园，每隔 1 分钟检测一次土壤温度、湿度和该区域有害物的数量，实现对葡萄园现场环境的实时监控及数据采集。若监控发现异常，系统将会通过手机短信、系统消息等方式提醒相应管理人员。溯源系统还可以查看葡萄的生长环境信息，以及生长周期，以确保葡萄健康生长，提高产量。

图 5.8　安装有物联网的农业大棚

四川乐山市峨眉半山有机茶园示范园环境监测小型气象站由数据采集及控制主机、空气温度传感器、空气湿度传感器、土壤酸碱度检测仪、光照辐射检测仪、大气压力传感器、风向传感器、风力传感器、PM2.5检测仪、负氧离子浓度检测仪和自动控制设备组成。该气象站通过传感器、视频监测等技术让管理人员能够对茶园的生态环境参数实时、动态、连续监测，实现茶园生态环境和茶树生育期苗情、长势的可视化，足不出户就可直观、清晰地观察到茶树的长势和生长环境。此外，峨眉半山有机茶园示范园环境监测小型气象站兼容手机 App，利用手机客户端随时查看茶园环境情况，通过拍照及人工采集病虫害信息与茶树病虫害模拟模型对比，为用户提供智能诊断。气象站设备所采集的数据和录像信息能够自动存储于云端或硬盘中，并且能够通过打印机将数据打印成纸质文档，形成作物农情报表。

2. 智能畜禽养殖系统

近年来，在中央对畜禽标准化规模养殖等扶持政策的推动下，我国畜禽业正处在由传统养殖向现代养殖转型的关键时期。智能畜禽养殖系统可通过智能传感器在线采集畜禽舍养殖环境参数，并根据采集数据分析结果，远程控制相应设备，使畜禽舍养殖环境达到最佳状态，实现科学养殖、减疫增收的目标。

经典的案例有四川省遂宁市川珂养殖合作社的智能家禽养殖系统、山东省家禽产业信息服务系统物联网示范基地(见图 5.9)、宁夏泾源六盘山智能肉牛养殖基地、华为与亿利资源打造的"羊联网"等。养殖场内通过物联网智能系统可以对畜舍微尘(颗粒物)、畜舍气体(氨气、二氧化硫等)、空气温湿度、光照强度等信息实行 24 小时远程监控和数据采集，便于实时发现问题、控制风险。同时对疫病有很好的防护作用。在安全饲养方面，还能够帮助企业建立完善的生产档案，建立畜禽产品安全溯源的数据基础，管理安全生产投入品，建立疫病防疫记录；同时实现畜禽生产过程的可监督、可控制，实时监控畜禽存栏数、

智能养殖案例

用药情况、疾病治疗免疫、饲料等情况，提高畜禽生产的安全性，保障消费者的身体健康和生命安全。

图 5.9 山东省家禽产业信息服务系统物联网示范基地

5.5 物联网在环境保护中的应用

工业发展、人口剧增、环境污染等问题导致人类居住的环境逐渐恶化，追求高品质的宜居环境已经成为人们共同的愿望和基本需求。环境保护不能只着眼于污后处理，而应该实现前期预警、中间控制、后期处理相综合的一体化系统工程。传统的环境保护方法存在手段单一、信息滞后、处理烦琐等问题，防护效果并不佳。随着传感器技术和通信技术的飞速发展，人们对地球环境质量的检测手段和调控能力逐渐提高，将传统的环境保护工作重点从污后监管转变为事前预警，从根源上着手对环境污染进行防治。有效的环境保护不仅可以为人类提供更加宜居的生产生活环境，而且也能节省资源、提高生产效率。

1. 智慧水务

智慧水务管理领域采用传感器和无线传感网等物联网技术，研究河流和海洋中的水适宜性，观测海洋污染和生态环境情况，能对一些人为灾害或自然灾害进行判断。例如，核污染扩散范围、原油泄漏情况等；河流、水库、农业和饮用水等水质监测，通过传感器检测水质中含有的各种污染物含量、气体含量、有毒物质含量，并将数据传送给中央控制系统，自动分析水质情况和安全指数；检测罐外液体的存在和管道压力变化，了解城市供水排水情况；等等。

兰州市智慧水务规划中提出了兰州市分质供水的思路，即通过刘家峡水库向兰州市供给生活饮用水，利用现有的一水厂、二水厂向兰州市供给工业用水。在污水处理厂改造后一级 A 标准出水的基础上建设再生水供给系统，向工业集中区、热电厂、兰炼兰化等大型企业，以及学校、医院等公共服务区供给再生水。并提出了建设城市绿地雨水入渗、小区雨水收集、南北两山雨水蓄积等雨水综合利用方案。结合物联网设计了兰州市节约用水信息化平台，通过对兰州市水源地、水厂、输水管网、用水量、排污口和污水处理厂的在线监测，实现兰州市水系统的智能化管理(见图 5.10)。

第 5 章 物联网技术在商业中的典型应用

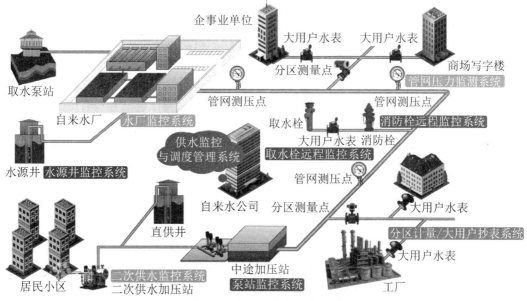

图 5.10 兰州市智慧水务系统

2. 空气医生

2016年7月，贵州省被列为全国首批生态环境大数据建设试点，通过对云计算、环保物联网等技术的应用，生态环境大数据示意图如图5.11所示。贵阳首个生态环境大数据检

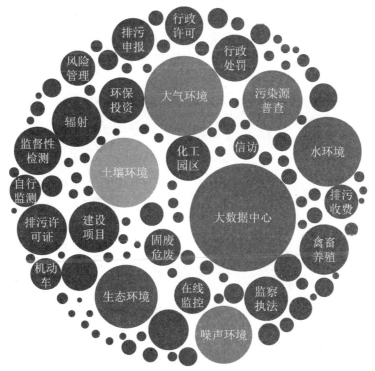

图 5.11 生态环境大数据示意图

测系统在乌当上线运行。乌当区范围内布设有266个监测点，覆盖当地所有的街道、企业、乡村，实时监测当地的空气、水质、噪声等环境质量，记录温湿度、噪声，以及PM2.5、PM10、臭氧、二氧化硫、一氧化碳含量等多项指标，形成点多面广、实时监控、污染溯源、防治一体的生态环保大数据应用体系。

市民只需通过手机App空气医生就可以查询环境监测点的实时数据，并依托世界卫生组织和国家疾控中心的相关标准，对与百姓生活息息相关的"环境健康指数"进行科学计算和呈现，为用户的居家出行、生产生活提供必要支撑。空气医生还可以通过分析用户的日常行动轨迹、出行习惯、个性需求，结合室内外各项监测指数，合理规划路线。

3. 自然灾害预警

Perma Sense计划于2006年启动，该计划将物联网应用于对瑞士阿尔卑斯山的岩床地质和环境状况的长期监控。由于阿尔卑斯山的地势高，且地形险峻，高海拔地带累积的永冻土(permafrost)与岩层历经四季气候变化与强风的侵蚀，长期累积后所发生的变化会对登山客与当地居民造成极大影响，但该区环境与位置无法以人工方式长期监测。而采用物联网中的无线遥感网络技术(Wireless Sensor Network，WSN)，监控现场不再需要人为的参与，可以实现对整个阿尔卑斯山脉大范围、深层次监控，包括温度的变化对山坡结构的影响以及气候对土质渗水的变化。所收集到的数据除可作为自然环境研究的参考外，经过分析后的信息也可以作为提前掌握山崩、落石等自然灾害的事前警示。

2011年3月11日，日本地震发生后9分钟，美国国家海洋和大气治理局(National Oceanic and Atmospheric Administration，NOAA)就公布了详细的海啸预警并制作出了海啸影响模型，在海洋灾害预警系统中发挥了很大的作用。NOAA的快速反应得益于其早前在全球范围内部署的庞大的海洋传感器网络，这些传感器向位于美国新泽西州的数据中心传输海洋信息(见图5.12)。NOAA的数据中心存储着超过20 PT的数据，是美国政府的超大型数据库之一。

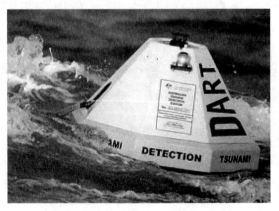

图5.12 位于海面的探测传感器

2014年，浙江省温岭市建成国内首个防台救灾物联网技术平台，该平台将前端实时采集的海量数据与后端云计算机平台强大的处理能力相结合，实现各类气象灾害的预先告知、定时检测与快速反应。目前，利用这套系统对温岭世纪广场地下106个车库进行防洪预警试点运行顺利,并逐渐将当地 16 个镇/街道 901 个村的 46 万多间农房、34 万户 100 多万人的防灾预警纳入这一科学的管理体系。

4. 环境污染监控

2016 年,无锡市环保局通过安装 1 800 个传感器,对全市的部分工厂进行生产污染远程监控。传感器每天会向环保局发送有关于 100 多种污染物的约 30 000 份信息,通过数据分析可以显示污染物的排放量、管理条件和环境质量。该系统目前可以实时观测无锡市各个区域的空气质量,并预测未来 5 天的空气质量,但为了确保准确性,只为公众提供 72 小时空气质量预报。治理空气污染的难题之一是污染物的来源很难追查。但在物联网的帮助下,专业人员可以通过分析数据,知道哪些污染物来自哪个工厂,然后找到排放污染物的具体公司。

该系统还用来监测五大淡水湖之一的太湖水质及蓝藻(也被称为蓝绿藻)的生长。太湖为超过 650 万居民供水,自 2007 年 5 月以来,太湖爆发了严重的藻类污染,有毒藻类已成为污染的主要问题。而现在,在无锡太湖上安装有 7 个太阳能供电的浮标传感器(见图 5.13),它们可以向环保局发送收集到的环境数据,包括藻类的浓度。环境工作者可以在不同的时间比较太湖不同地区收集到的数据,并在同一屏幕上显示所有的数据以供参考。

图 5.13 太湖上的太阳能供电的浮标

5.6 本章小结

本章介绍了物联网在各行各业的应用,从信息处理到信息传播,信息发展越来越进入物质领域。物联网应用到生产环节,将能够实现更加智能化、有针对性的生产管理,使得整个人类社会的生产活动更加环保、智能、安全。物联网的影响正在逐渐渗透到人类社会的各个产业环节中,为人类的生产活动带来巨大的变革。经过过去几年的技术和市场的培育,物联网即将进入高速发展期,它是继计算机、互联网与移动通信网之后的又一次信息产业浪潮,是一个全新的技术领域,同时也给 IT 和通信等领域带来了广阔的新市场。

物联网的商业应用

展望未来，物联网会将新一代 IT 技术充分运用在各行各业之中。具体地说，就是把传感器、控制器等相关设备嵌入或装备到电网、工程机械、铁路、桥梁、隧道、公路、建筑、供水系统、大坝、油气管道等各种物体中，然后将物联网与现有的互联网整合起来，实现人类社会与物理系统的整合，在这个整合的网络当中，拥有覆盖全球的卫星，存在能力超级强大的中心计算机群，能够对整合网络内的人员、机器、设备和基础设施实施实时的管理和控制。在此基础上，人类可以以更加精细和动态的方式管理生产和生活，达到智慧化管理的状态，提高资源利用率和生产力水平，改善人与城市、山川、河流等生存环境的关系。

习　题

1. 目前国内的物联网商业应用涉及哪些方面？
2. 物联网在环境保护中有哪些应用？
3. 结合自身经历，阐述物联网在医疗领域中的应用及局限性。

第 5 章习题答案

第 6 章
物联网商业应用普适实验

本章的教学目的是使学生掌握物联网实验相关内容，包括物联网实验平台概述，以及具体的分块实验：蓝牙音箱实验、Yeelight Blue LED 灯实验、智能商场沙盘演示实验、RFID 读写器操作实验以及智能环境监测系统操作实验。

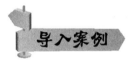

蓝牙改变生活

随着人工智能的飞速发展，人机交互越来越多地应用于智能家电当中，为人们的生活带来了便捷，典型的代表就是应用了蓝牙技术的智能产品了。智能蓝牙产品能够识别语音，通常只需要对其说出具有意义的关键词，就能够被识别和翻译，从而实现音乐播放、语音购物、闹钟提醒、音箱设置、不插卡打电话等功能，如同生活中的小管家。

6.1 物联网实验平台概述

物联网商业应用实验室是为满足商业物联网应用及创新教学的需求而建设的。实验室提供了智能商场(沙盘)示范应用平台，提供开源硬件、物联网接口以及应用软件源代码，为学生提供了物联网认知、应用软件二次开发、创新项目开发及演示的综合性场所。实验室的主要设备和资源如表 6-1 所示，实验体系如表 6-2 所示。

表 6-1 实验室的主要设备和资源

类别	名称	数量	备注
场景与交互	智能商场沙盘	1	提供大屏幕对各模块的功能进行展示
	环境传感器	6	监测温湿度、燃气、烟雾、光照度等的传感器
	开关控制	2	控制风扇与灯光
	RFID 电子标签(停车场)	6	进场、出场,共 6 个电子标签
	红外线传感器	6	分别安装在 6 个车位
	RFID 电子标签(仓储)	10	出库、入库,共 10 个电子标签
	物联网中间件	1	传感器数据采集与指令下发,重新开发
	演示软件改造	1	展示内容,可重新开发
	工程服务	1	布线与安装调试
学习支持系统	微课平台	1	现有平台
	在线课程平台	1	
	实验支架	1	
	门户系统	1	
智能商场认知与操作实验	微课	10	智能商场认知与开发(包括 6 个微课、6 个实验包) 智能停车场(包括 2 个微课、2 个实验包、小组作业) 智能仓储(包括 2 个微课、2 个实验包)
	实验包	10	
物联网解决方案认知实验	微课	3	智能家居、森林火灾报警、智能大棚,分为认知和操作
	实验包	3	
传感器及物联网组网实验	微课	8	基于现有的实验箱设备进行开发,分为认知和操作
	实验包	8	
综合实验	课件与作业	1	基于最终完成的设计造型,构建教学课件及相关参考资源包

表 6-2 实验体系

实验列表	知识			技能			体验			资源		备注
	基础	专业	行业	认知	操作	开发	个体	协作	系统	微课	任务 实验	
传感器数据采集	√	√		√	√		√	√		√	√ √	温湿度、燃气、烟雾、光照度等传感器,沙盘
远程开关控制	√	√			√		√	√		√	√	开关传感器、物联网中间件、沙盘
智能停车场实验	√	√		√		√		√	√	√	√	RFID 读写器、红外线传感器、物联网中间件、演示软件、沙盘
智能仓储实验	√	√		√		√			√	√		RFID 读写器、物联网中间件、演示软件、沙盘

续表

实验列表	知识			技能			体验			资源			备注
	基础	专业	行业	认知	操作	开发	个体	协作	系统	微课	任务	实验	
传感器认知	√	√		√	√		√				√	√	实验箱
物联网组网	√				√	√	√	√				√	实验箱
物联网方案	√				√	√		√	√			√	智能家居、森林火灾报警、智能大棚
综合设计实验	√				√	√	√	√		√	√	√	小组协作，演示汇报

学习支持系统(见图6.1)中包含多个子系统，每个子系统都包含有不同侧重、不同类型的学习资料。实验支架是整个教学体系的核心，可通过线上远程操作实验设备从而完成实验，并辅以实验指导录屏、实验教程等，是专注于实验实训教学具体操作内容的支持系统。

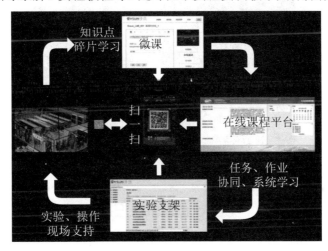

图 6.1 学习支持系统

在线课程平台是以任务为导向，提供完整课程体系的资源管理，以及师生之间的互动，提供了以任务为导向的创新训练支持。

微课平台服务于学生自主与碎片化学习，以视频为主，辅以测试和扩展阅读，并生成二维码，学生扫描后可访问微课资源，提供了对知识学习的有效支持。

实验支架针对实验课，提供了各实验项目的操作视频、实验指导书和相关工具，为学生的技能培训提供了有效的支撑。

6.2 蓝牙音箱实验

6.2.1 蓝牙音箱简介

蓝牙音箱是指以蓝牙连接取代传统线材连接的音响设备，小巧便携，使用方便快捷，通过与手机、平板电脑和笔记本等支持蓝牙的设备连接，能够播放特定的音频。

6.2.2　工作原理

传统的便携式音箱是通过 3.5mm 音频插头直接获得音频信号源，通过内部放大电路将音频信号进行信号放大来驱动扬声器发声。而蓝牙音箱将蓝牙技术应用在音箱上，摆脱了线材的束缚，让使用者轻松自在地聆听音频信息。

6.2.3　实验内容

(1) 开启蓝牙，搜索到音箱的蓝牙 IP 地址。
(2) 连接蓝牙，通过音箱播放手机上的音乐。实验过程如图 6.2 所示。

图 6.2　蓝牙音箱实验过程

6.3　Yeelight blue LED 灯实验

6.3.1　Yeelight blue 简介

Yeelight blue 是专为 BLE(Bluetooth Low Energy，蓝牙低功耗)设计的一款智能手机情景照明系统(见图 6.3)。它通过蓝牙 4.0 可以控制身边一定距离范围内的 Yeelight blue 灯具，可对灯光进行调节。它的主要特点有以纯正的白光实现一定范围的照明需求、开放蓝牙接口协议(方便软件调试和移植)、控制对象数量较多(一个软件最多可以控制十个灯泡，每个灯泡都可以同时开关、调光或调色)等。

图 6.3　Yeelight blue

6.3.2 工作原理

蓝牙是一种支持设备短距离通信的无线电技术，根据发射功率级别分为 CLASS1 100 米距离和 CLASS2 10 米距离两种。蓝牙的工作频带为 2.4 GHz，带宽可达 3 Mb/s，可在手机、PDA、笔记本电脑等众多设备之间进行无线信息交换。

Yeelight blue 利用手机蓝牙与单片机通信产生的 PWM(Pulse Width Modulation，脉冲宽度调制)波信号控制 LED(Light Emitting Diode，发光二极管)驱动电路实现 LED 灯的调光和调色。PWM 调光是一种利用简单的数字脉冲，利用人眼的视觉惰性(只要 PWM 波频率大于 200 Hz，人眼就不会感觉到 LED 的闪烁)，按固定频率操作占空比来实现 LED 灯的亮度调节。其工作原理是利用宽、窄不同的数字式脉冲来改变输出电流，电流大小对应于 LED 灯的不同亮度。其优点是调光范围大、精度可接受。

6.3.3 实验内容

先在手机上下载 Yeelight blue App(见图 6.4)。通过 App 连接灯泡并打开蓝牙搜索，便可进行相关操作。点击 App 左上角的按钮可进入灯泡管理中心，点击右上角的按钮可进入灯泡功能列表；在亮度和色彩控制区，左右滑动可控制亮度，上下滑动可控制颜色；双击屏幕可以关灯，长按屏幕即为重置灯泡并恢复为白光；屏幕右下角显示了 Yeelight blue 的亮度数值及蓝牙信号质量，当手机与灯泡产生一定距离时，可知蓝牙控制信号与智能灯泡的连接情况。实验过程如图 6.5 所示。

图 6.4　Yeelight blue App 界面

物联网的商业应用

图 6.5 Yeelight blue 实验过程

6.4 智能商场沙盘演示实验

上海商学院智能商场物联网实训平台

智能商场沙盘包括智能商场、智能停车场、智能仓储三个环节(见图 6.6)。

图 6.6 智能商场沙盘

6.4.1 智能商场核心组件

火焰传感器

雨滴传感器

智能商场核心组件包括火焰传感器、雨滴传感器、光照度传感器和人体传感器。

(1) 火焰传感器。可对商场内的烟雾情况进行实时判断和预警。

(2) 雨滴传感器。雨滴传感器在接收数据的时候会发生一定的时间延迟,因此数据不是立刻产生的。

(3) 光照度传感器。光照度传感器的反应非常灵敏,轻微的光照变化都会引起数据的变化。

(4) 人体传感器。人体传感器检测灵敏度高,探测范围宽,工作很可靠,适合在商场、博物馆等场合使用。

智能商场中的各种传感器如图 6.7 所示。智能商场的操作系统还可以控制商场内电器的通断,可以对商场进行无人化操作。智能商场的结算系统可以将带有条形码的商品的价格和结算结果通过网络传送到服务器的数据库中。

光照度传感器

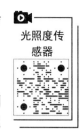
智能商场中的各种传感器彩图

图 6.7 智能商场中的各种传感器

6.4.2 智能停车场核心组件

智能停车场管理系统可分为三大部分。
(1) 信息的采集与传输。
(2) 信息的处理与人机界面。
(3) 信息的存储与查询。

智能停车场演示实验

智能停车场管理系统可实现三大功能。
(1) 对停车场内的车辆进行统一管理及看护。
(2) 对车辆和持卡人在停车场内的流动情况进行图像监控。
(3) 进行文字信息采集并定期保存更新,供物管处、交管部门查询。

智能停车场传感器核心组件包括三大类。
(1) 地磁传感器:地磁传感器可用来检测车辆的存在和车型识别。作为数据采集系统的关键部分,其性能的好坏对数据采集起决定作用。
(2) 超声波车位传感器:超声波车位传感器是一种非接触式测量仪器,主要用在停车引导系统中。

(3) 无线车位感知传感器：无线车位感知传感器采用先进的感知技术覆盖用户所在地区的车位信息，适应环境能力强，可实现智能定位。

智能停车场核心组件如图 6.8 所示。

图 6.8　智能停车场核心组件

6.4.3　智能仓储核心组件

智能仓储的核心组件是工作频率为 13.56 MHz 的 RFID 读写器(见图 6.9)，在该频率下感应器不需要线圈进行绕制，通过感应器上的负载电阻的接通和断开来控制读写器天线上的电压变化，实现对天线电压进行振幅调制。采用 RFID 技术进行仓库智能化管理，通过在每个货物上贴电子标签的方式，读写器自动采集包括入库、出库、移库移位等数据信息，保证仓库管理各环节数据输入的有效性，并可以随时随地查询库存物资当前位置，大大提高了仓库管理的工作效率。

图 6.9　智能仓储核心组件

6.5 RFID读写器操作实验

6.5.1 RFID读写器操作的配置

实验器材包括低频、高频、超高频读写器模块(见图6.10)，一条通信串口线，相关读写器模块电源，RFID电子标签等。

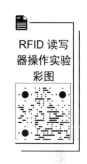

图6.10 RFID读写器模块

1. 性能参数

CPU：samsung ARM920T@533 MHz。
内存：256 MB SRAM/1 GB ROM。
接口/通信：USB、UART。
存储卡空间扩展：最大支持8 GB Micro SD(TF)卡。

2. 使用环境

工作温度：-20 ℃至50 ℃。
储存温度：-25 ℃至70 ℃。
湿度：5%RH 至 95%RH(无凝露)。
跌落规格：在操作温度范围内，6面均可承受从1.5 m高度跌落至水泥地面的冲击。
滚动规格：1 000次0.5 m，六个接触面滚动。
密封环境：IP64。

6.5.2 低频 RFID 读写器

1. 低频 RFID 读写器的特性

(1) 工作频率从 120 kHz 到 134 kHz，该频段的波长大约为 2 500 m。
(2) 一般低频电波能够穿过任意材料的物品，读取距离不降低。
(3) 低频产品有不同的封装形式。好的封装形式价格贵，使用寿命长。
(4) 数据传输速率比较低。

低频读写器功能演示如图 6.11 所示。

图 6.11　低频读写器功能演示

2. 主要应用

(1) 畜牧业管理系统。
(2) 汽车防盗门系统。
(3) 自动停车场收费和车辆管理系统。
(4) 马拉松赛跑系统。

6.5.3 高频 RFID 读写器

1. 高频 RFID 读写器的特性

(1) 工作频率为 13.56 MHz，该频段的波长大约为 22 m。
(2) 该频段在全球都得到认可并没有特殊的限制。

(3) 该系统具有防冲撞特性，可以同时读取多个电子标签。

(4) 数据传输速率比低频的要高，价格不是很贵。

高频读写器功能演示如图 6.12 所示。

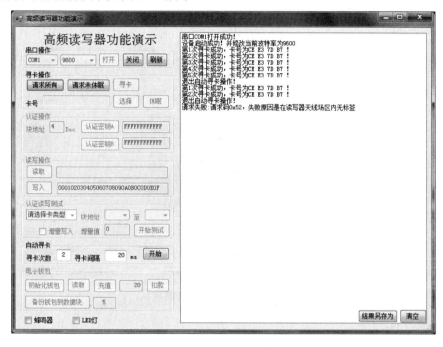

图 6.12　高频读写器功能演示

2. 主要应用

(1) 图书管理系统。

(2) 服装生产线和物流系统。

(3) 大型会议人员通道系统。

(4) 医药物流系统。

(5) 瓦斯钢瓶的管理。

6.5.4　超高频 RFID 读写器

1. 超高频 RFID 读写器的特性

(1) 电子标签的天线一般是长条形或耳标形。

(2) 数据传输速率很高，短时间可读取大量的电子标签。

(3) 超高频频段的电波不能通过许多材料。

超高频读写器功能演示如图 6.13 所示。

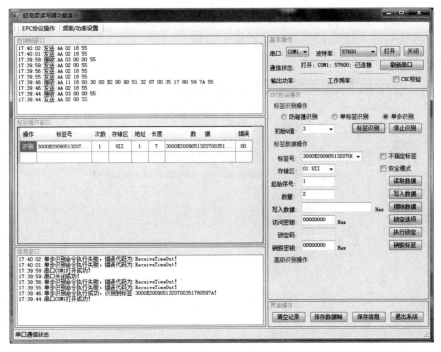

图 6.13 超高频读写器功能演示

2. 主要应用

(1) 政府职能部门 IC 卡管理。
(2) 一卡通应用领域。
(3) 高速公路联网收费。
(4) 物流配送。

6.6 智能环境监测系统操作实验

1. 实验内容

通过智能商场环境监测系统了解物联网系统的应用，研究室内温度、湿度、光照、二氧化碳含量、人体呼出二氧化碳含量，并记录数据。

2. 实验目的

掌握智能商场的基本操作控制，通过使用 3 种传感器，探究室内温度、湿度、光照、二氧化碳含量、人体呼出二氧化碳含量的变化，了解物联网在商业方面的应用。

3. 实验器材

二氧化碳传感器、温湿度传感器、光照传感器、USB 连接线、计算机等。

4. 实验步骤

(1) 连接电源线以及温湿度传感器、二氧化碳传感器、光照传感器,打开智能商场环境监测系统。

(2) 打开智能控制网关和各种模块,了解家居、安防、场景控制等各个模块的功能及其使用方法和产生的效果。

(3) 在安防控制栏中,选择"传感器",对需要的数据进行测量记录。首先选择温湿度,记录正常情况下室内的温湿度值;然后对着温湿度传感器吐气,记录变化后的温湿度值。

(4) 重复步骤(3),分别测出室内的二氧化碳浓度和光照情况,并记录。

6.7　本 章 小 结

本章主要介绍了物联网实验相关内容,包括实验平台的概述和具体的分块实验。

习　题

1. 完成实验平台中各种传感器的使用,并记录实验过程。
2. 完成蓝牙音箱实验,理解与掌握蓝牙相关技术。
3. 完成 Yeelight blue LED 灯实验,理解与掌握 Yeelight blue LED 灯相关实现原理与技术。
4. 智能商场沙盘包括哪几个环节,其核心组件包括什么?
5. 完成 RFID 读写器操作实验。

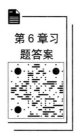

第6章习题答案

第 7 章

物联网商业应用专业实验 1：无线传感器网络实验

本章的教学目的是使学生了解无线传感器网络的应用、原理、发展，掌握常用的无线传感器网络技术的应用，如烟雾报警系统、智能感应门、智能安防报警系统、智能采光系统、燃气报警系统、智能花园灌溉系统和环境监测系统。

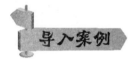

无线传感器网络——物联网的神经末梢

物联网是一种实现人与客观世界的全面信息交互的全新网络，其三大核心环节包括感知、传输及信息处理，其中涉及了很多跨学科和领域的技术。无线传感器网络是实现物联网应用的重要底层网络技术之一，被认为是移动通信网络、有线接入网络的神经末梢网络。随着物联网无线传感器技术的不断提高，在电力、工业制造、医药、农业、市政等领域得到了广泛应用，在提升工作效率的同时降低了生产成本。物联网无线传感器技术的典型应用实例非常丰富。在能源数据无线监控方面，如美的集团的总厂可以对各分厂的现场电能表、流量计量表的实时数据进行采集及监控，实现统计报表功能、实时数据状态显示功能、历史曲线功能、远程控制功能等。在电厂管网无线监控方面，如广东罗定电厂的管网无线监测系统能够监测管网的压力、流量、温度及阀门开度等参数，提高工作效率。在实验室温度、湿度、压差实时监测方面，如华大基因实验室对实验室环境的温度、湿度、压差实时监测，同时将监测数据上传到监控中心进行分析对比研究，并可对温度、湿度、压差点进行声光报警指示，以短信方式发送到指定人员手机。

第 7 章 物联网商业应用专业实验 1：无线传感器网络实验

7.1 无线传感器网络介绍

无线传感器网络是由部署在检测区域内的大量廉价微型传感器节点组成，通过无线通信的方式形成一个多跳的、自组织的网络系统。无线传感器网络综合了传感器技术、嵌入式计算技术、网络通信技术、分布式信息处理技术和微电子制造技术等，能够通过各类集成化的微型传感器节点协作对各种环境或检测对象的信息进行实时监测、感知和采集，并对采集到的信息进行处理，通过无线自组织网络以多跳中继方式将所感知的信息传送给终端用户。

与各种现有网络相比，无线传感器网络具有以下特点。

1. 节点数量多，网络密度高

无线传感器网络通常密集部署在大范围无人的监测区域中，通过网络中大量冗余节点协同工作来提高系统的工作质量。

2. 分布式的拓扑结构

无线传感器网络中没有固定的网络基础设施，所有节点地位平等，通过分布式协议协调各个节点以协作完成特定任务。节点可以随时加入或离开网络，不会影响网络的正常运行，具有很强的抗毁性。

3. 自组织特性

无线传感器网络所应用的物理环境及网络自身具有很多不可预测因素，因此需要网络节点具有自组织能力。即在无人干预和没有其他任何网络基础设施支持的情况下，可以随时随地自动组网，自动进行配置和管理，并使用适合的路由协议实现监测数据的转发。

7.1.1 无线传感器网络的应用与发展

作为一种新型网络，无线传感器网络在军事、工业、农业、交通、土木建筑、安全、医疗、家庭和办公自动化等领域有着广泛的应用，其在国家安全、经济发展等方面发挥了巨大作用。随着无线传感器网络的不断快速发展，它还将被拓展到越来越多新的应用领域。

1. 智能交通

这是与交通运输相关的一类应用。它通过埋在道路边的传感器在较高分辨率下收集交通状况的信息，还可以与汽车进行信息交互，如道路状况危险警告或前方交通拥塞提示等。

2. 智能农业

无线传感器网络可以应用于农业，即将温度/土壤组合传感器放置在农田中，计算出精确的灌溉量和施肥量。此应用所需传感器的数据相对较少，大约近万平方米面积配备一个传感器就可以了。类似地，病虫害防治也可得益于对农田进行高分辨率的检测。另外，对于畜牧业，可以在猪或牛身上装上传感器，通过传感器监控动物的健康状况，一旦测量值超过阈值就会发出警告，以此提高畜牧业的产量和收益。

3. 医疗健康

传统模式下的医疗检测需要病人必须躺在病床上，很不方便。利用无线传感器网络技术，通过让病人佩戴具有特殊功能的微型传感器，医生可以使用手持 PDA 等设备，随时查询病人健康状况或接收报警消息。另外，利用这种医护人员和病人之间的跟踪系统可以及时地救治伤患。

4. 工业监控

工业生产环境一般都比较恶劣，温度、压力、湿度、振动、噪声和电磁等因素实时变化明显。一些工作环境还存在一定的高危性，如煤矿、石油钻井、核电厂等。利用无线传感器网络对工业生产过程中的环境状况、人员活动等敏感数据和信息进行监控，可以减少生产过程中人力和物力的损失，进而保证员工或公众的生命安全。

5. 军事应用

和其他许多技术一样，无线传感器网络最早是面向军事应用的。在战场上，使用无线传感器网络采集部队、武器装备和军用物资供给等信息，并通过汇聚节点将数据传送至指挥所，再转发到指挥部，最后融合来自各个战场的数据形成军队完备的战区态势图。无线传感器网络已成为美国网络中心作战体系中面向武器装备的网络系统。该系统的目标是利用先进的高科技，为未来的现代化战争设计一个集命令、控制、通信、计算、智能、监视、侦查和定位于一体的战场指挥系统，因此受到了军事发达国家的高度重视。

6. 灾难救援与临时场合

在遭受地震、水灾、强热带风暴等重大自然灾害后，原有固定的通信网络设施(如移动通信网、有线通信网、卫星通信地球站等)通常会大部分被摧毁、无法正常工作。这时，使用部署不依赖任何固定网络设施并能够快速构建的无线传感器网络就可以帮助抢险救灾，从而减少人员伤亡和财产损失。

7. 家庭应用

信息技术的快速发展极大地改变了人们的生活方式和工作方式。无线传感器网络在家庭及办公自动化方面具有巨大的潜在应用前景。利用无线传感器网络将家庭中各种家电设备联系起来，可以组建一个家庭智能化网络，使它们可以自动运行、相互协作，为用户提供尽可能的舒适和便利。例如，使用微型传感器能够将家用电器、个人计算机和手机通过互联网相连，实现远距离监控。

8. 其他

无线传感器网络具有非常广泛的应用前景，它不仅在工业、农业、军事、医疗、灾难救援等上述传统领域具有巨大的应用价值，未来还将在许多新兴领域中体现其较好的优越性，如空间探索、智能物流、灾害防范和环境监测等领域。

随着无线传感器网络的深入研究，无线传感器网络将逐步深入人类生活的各个领域，微型、智能、高效、廉价的传感器节点必然将走进生活,形成一个无所不在的网络世界。

7.1.2 常用传感器

1. 烟雾传感器

烟雾传感器是通过监测烟雾的浓度来实现火灾防范的。内部采用离子式烟雾传感器的烟雾报警器,其性能远优于气敏电阻类的火灾报警器。离子式烟雾传感器是一种技术先进、工作稳定可靠的传感器,被广泛运用于各种消防报警系统中。在它的内外电离室里面有放射源。电离产生的正、负离子,在电场的作用下各自向正、负电极移动。在正常的情况下,内外电离室的电流、电压都是稳定的。一旦有烟雾窜逃至外电离室,干扰了带电粒子的正常运动,电流、电压就会有所改变,破坏了内外电离室之间的平衡,于是无线发射器发出无线报警信号,通知远方的接收主机,将报警信息传递出去。

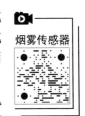

常用的烟雾探测方式有离子感烟探测、光电感烟探测。

离子感烟探测器的内电离室是密封的,烟雾进不去。当没有烟雾时,离子能到达对面电极,内、外电离室电压、电流平衡,报警器沉默;当有烟雾进入外电离室时,烟雾阻挡了离子到达对面电极,外电离室电场失去平衡,报警器探测到后发出警报。

光电感烟探测器主要利用红外线探测,分前向反射式和后向反射式两种。后向反射式探测器对黑烟、灰烟不够敏感。

如今社会环保意识深入人心,开发绿色环保产品已经成为各大公司追求的目标。2010年面市的 MQ-X 系列气体传感器是适应市场需求而设计的。例如,MQ-2 型烟雾传感器采用 MQ-2 型气敏元件,可以很灵敏地检测到空气中的烟雾以及甲烷气体,通过连接与编程,结合其他实验模块,可以制作烟雾报警器、甲烷泄漏报警器、自动烟雾排风机等产品,是使室内的空气达到环保标准的理想传感器。如图 7.1 所示是 MQ-2 型烟雾传感器。

图 7.1 MQ-2 型烟雾传感器

2. 人体红外传感器

人体红外传感器是一种能检测人体发射的红外线的新型高灵敏度红外探测元件。它能以非接触形式检测出人体辐射的红外线能量的变化,并将其转换成电压信号输出。将输出的电压信号加以放大,便可驱动各种控制电路,适用于走廊、楼道、仓库、车库、地下室、洗手间等场所的自动照明、通风换气等用途,真正体现楼宇智能化及物业管理的现代化。

它有以下功能特点。

(1) 基于红外线技术的自动控制产品，当有人进入开关感应范围时，专用传感器探测到人体红外光谱的变化，开关自动接通负载。人不离开，开关持续导通；人离开后，开关延时自动关闭负载，安全节能。

(2) 具有过零检测功能，无触点电子开关，延长负载使用寿命。

(3) 应用光敏控制，开关自动测光，光线强时不感应。

如图 7.2 所示是智能家居安防系统中常用的人体红外传感器。

人体红外传感器彩图

图 7.2　人体红外传感器

人体红外感应设备在人们的生活中随处可见，如红外感应自动水龙头(见图 7.3)、红外感应干手器(见图 7.4)、红外感应自动门等。

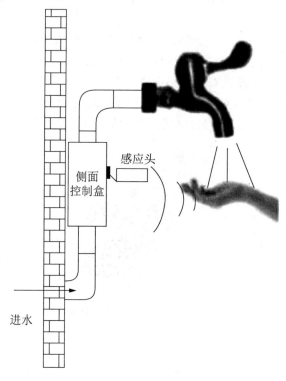

图 7.3　红外感应自动水龙头

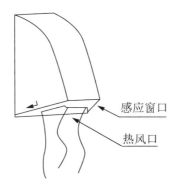

图 7.4 红外感应干手器

3. 光照度传感器

光照度传感器选用专业光接选器件,将可见光频段光谱吸收后转换成电信号,根据电信号的大小对应光照度的强弱。光照度传感器内部装有滤光片,使可见光以外的光谱不能到达光接收器,内部放大电路有可调放大器,用于调制光谱接收范围,从而实现不同光强度的测量。由于光电二极管的输出与照度(光流量/感光面积)成比例,因此可以构成光照度传感器(其他光度值测量都可以采取相应方法将其变换为感光面的照度进行测量)。可以将光电流通过通用运放进行电流和电压的转换做进一步处理。

生活中常见的利用到光照度传感器的设备有很多,如用光敏电阻的路灯,可以根据白天、黑夜的光照强度改变电阻值,从而达到控制电路通断的目的。如图 7.5 所示是一些常见的光照度传感器。

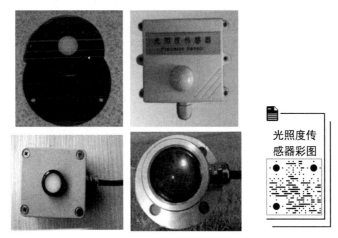

图 7.5 光照度传感器

4. 燃气传感器

监测可燃性气体泄漏的报警器广泛地用于煤矿和工厂,在家庭里也开始普及。它用来监测瓦斯、液化石油气、一氧化碳有无泄漏,以预防气体泄漏引起的爆炸以及不完全燃烧引起的人体中毒。这些报警器的核心部件就是燃气传感器,它是气体传感器的一种。

从作用机理上燃气传感器主要分为两种，半导体气体传感器和接触燃烧传感器。

半导体气体传感器主要是在 SnO_2(二氧化锡)等 N 型氧化物半导体上添加铂或钯等贵金属而构成的。可燃性气体在其表面发生反应引起 SnO_2 电导率的变化，从而感知可燃性气体的存在。这种反应需要在一定的温度下才能发生，所以还要对传感器用的电阻丝进行加热。

接触燃烧传感器是指可燃性气体与催化剂发生接触式燃烧，使得铂线圈的电阻发生变化从而感知燃气的存在。这种传感器是由载有铂或钯等贵金属催化剂的多孔氧化铝涂覆在铂线圈上而构成的。

常见的有 MQ-5 型燃气传感器，它属于半导体气体传感器，如图 7.6 所示。

燃气传感器彩图

图 7.6　MQ-5 型燃气传感器

MQ-5 气体传感器所使用的气敏材料是在清洁空气中电导率较低的 SnO_2。当传感器所处环境中存在可燃气体时，传感器的电导率随空气中可燃气体浓度的增加而增大。使用简单的电路即可将电导率的变化转换为与该气体浓度相对应的输出信号。

MQ-5 气体传感器可检测多种可燃性气体，特别是天然气，是一款适合多种应用的低成本传感器。

5. 温湿度传感器

湿度传感器

由于温度和湿度与人们的实际生活有着密切的关系，所以温湿度一体的传感器就应运而生。温湿度传感器是指能将温度量和湿度量转换成容易被处理的电信号的设备或装置。

市场上的温湿度传感器一般是测量温度量和相对湿度量。温湿度传感器分为很多种类，常见的有无线温湿度传感器(见图 7.7)、风管式温湿度传感器、管道式温湿度传感器。

无线温湿度传感器主要用于探测室内、室外温湿度。虽然绝大多数空调都有温度探测功能，但由于空调的体积限制，它只能探测到空调出风口附近的温度，这也正是很多消费者感觉其温度不准的重要原因。有了无线温湿度传感器，就可以确切知道室内准确的温湿度，其现实意义在于当室内温度过高或过低时能够提前启动空调调节温度，如当用户在回家的路上，家中的无线温湿度传感器探测出房间温度过高就会启动空调自动降温，等到家时，家里的温度就是适宜的了。

第 7 章　物联网商业应用专业实验 1：无线传感器网络实验

图 7.7　无线温湿度传感器 SHT10

另外无线温湿度传感器对于用户早晨出门也有着特别意义，当人待在空调房间时，对户外的温度是没有感觉的，这时候装在墙壁外的温湿度传感器就可以发挥作用，它可以告诉用户现在户外的实时温度，根据这个准确温度就可以自行决定穿着了。

6. PM2.5 传感器

作为环境监测中很重要的一环，PM2.5 探测器必须要有强大的技术支持。它在智能家居系统中发挥着独到的作用，一方面它可以联动物联网传感智能家居系统中的声光报警器进行报警，一旦检测到 PM2.5 的值超标，报警器就可以自动报警，用户可以随时随地知道当前的空气质量。除此之外，它可以联动新风系统、空调等设备对所检测的区域及时进行通风换气。

如图 7.8 所示为激光 PM2.5 传感器。它采用激光散射的原理，当激光照射到通过检测位置的颗粒物时会产生微弱的光散射，在特定方向上的光散射信号波形与颗粒直径有关，通过不同粒径的波形分类统计及换算公式可以得到不同粒径的实时颗粒物的数量浓度，按照标定方法得到和官方单位统一的质量浓度。

激光 PM2.5 传感器彩图

图 7.8　激光 PM2.5 传感器

7. 气压传感器

气压传感器主要是用于测量气体绝对压强的转换装置，可用于血压、风压、管道气体等方面的压力测量。它的性能稳定可靠，主要适用于与气体压强相关的物理实验，如气体定律等，也可以在生物和化学实验中测量干燥、无腐蚀性的气体压强。

空气压缩机的气压传感器主要由薄膜、顶针和一个柔性电阻器来完成对气压的检测与转换功能。薄膜对气压强弱的变化异常敏感，一旦感应到气压的变化就会发生变形并带动顶针动作，这一系列动作将改变柔性电阻的电阻值，将气压的变化转换为电阻阻值的变化，以电信号的形式呈现，之后对该电信号进行相应处理并输出给计算机显现出来。

还有的气压传感器利用变容式硅膜盒来完成对气压的检测。当气压发生变化时引发变容式硅膜盒发生形变并带动硅膜盒内平行板电容器电容量的变化，从而将气压变化以电信号形式输出，经相应处理后传送至计算机得以显示。如图 7.9 所示为两种常见的气压传感器。

图 7.9　气压传感器

7.1.3　常用无线通信网络技术

常用的无线通信网络技术主要包括 ZigBee、WiFi 和蓝牙这三种技术。

1. ZigBee 技术

1) ZigBee 简介

ZigBee 又称紫蜂协议，其名称来源于蜜蜂的舞蹈。蜜蜂(bee)是靠飞翔和"嗡嗡"(zig)地抖动翅膀的"舞蹈"来与同伴传递花粉所在的方位信息，也就是说蜜蜂依靠这样的方式构成了群体中的通信网络。蜂群里蜜蜂的数量众多，而所需食物不多，这与无线通信设计初衷十分吻合。

ZigBee 是一种标准，该标准定义了短距离、低速率传输速率无线通信所需要的一系列通信协议，主要适用于自动控制和远程控制领域，可以嵌入各种设备。简而言之，ZigBee 就是一种便宜的、低功耗的近距离无线组网通信技术。

2) ZigBee 技术的发展

ZigBee 的发展基础是 IEEE 802.15.4 标准。它是一种新型的短距、低速、低功耗的无线通信技术，其前身是 Intel、IBM 等产业巨头发起的 HomeRFLite 无线技术。负责起草 IEEE 802.15.4 标准的工作组于 2000 年成立。2002 年，美国摩托罗拉(Motorola)公司、荷兰飞利浦(Philips)公司、英国英维思(Invensys)公司、日本三菱电器公司等发起成立了 ZigBee 联盟。到目前为止，ZigBee 联盟已有 200 多家成员企业，而且还在迅速壮大中。这些企业包括半导体生产商、IP 服务提供商以及消费类电子厂商等，而这些公司都参加了 IEEE 802.15.4 工作组，为 ZigBee 物理和媒体控制层技术标准的建立做出了它们的贡献。

2004 年，ZigBee 1.0(又称 ZigBee 2004)诞生，它是 ZigBee 的第一个规范，这使得 ZigBee 有了自己的发展基本标准。但是由于推出仓促存在很多不完善的地方，因此在 2006 年进行了标准的修订，推出了 ZigBee 1.1(又称 ZigBee 2006)，但是该协议与 ZigBee 1.0 是不兼容的。

ZigBee 1.1 相较于 ZigBee 1.0 做了很多修改，但是 ZigBee 1.1 仍无法达到最初的设想，于是在 2007 年再次修订(称为 ZigBee 2007/PRO)，能够兼容之前的 ZigBee 1.1，并且加入了 ZigBee PRO 部分。此时 ZigBee 联盟更专注于以下三种应用类型的拓展：家庭自动化、建筑/商业大楼自动化以及先进抄表基础建设。

3) ZigBee 技术的特点

(1) ZigBee 是一种短距离、低功耗、低数据速率、低成本、低复杂度的无线网络技术。

(2) ZigBee 采取了 IEEE 802.15.4 强有力的无线物理层所规定的全部优点：省电、简单、成本低。

(3) ZigBee 增加了逻辑网络、网络安全和应用层。

(4) ZigBee 的主要应用领域包括无线数据采集、无线工业控制、消费性电子设备、汽车自动化、家庭和楼宇自动化、医用设备控制、远程网络控制等场合。

4) ZigBee 网络拓扑

ZigBee 的设备类型包括协调器(coordinator)、路由器(router)以及终端设备(end device)。协调器是一个 ZigBee 网络的第一个开始的设备，或者是一个 ZigBee 网络的启动或建立网络的设备。协调器节点需选择一个信道和唯一的网络标识符(Personal Area Network ID, PAN ID)，然后开始组建一个网络。协调器设备在网络中还有其他作用，如建立安全机制、网络中的绑定等。

路由器需具备数据存储和转发能力以及路由发现的能力。除完成应用任务外，路由器还必须支持其子设备连接、数据转发、路由表维护等功能。

终端设备的结构和功能是最简单的，采用电池供电，大部分时间都处于睡眠状态以节约电量，延长电池的使用寿命。

ZigBee 支持包含主从设备的星状、树簇状和网状网络拓扑，如图 7.10 所示。每个网络中都会存在一个唯一的协调器，它相当于有线局域网中的服务器，对本网络进行管理。

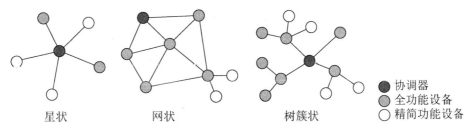

图 7.10 ZigBee 网络拓扑

ZigBee 以独立的节点为依托，通过无线通信组成星状、树簇状或网状网络，因此不同的节点功能可能不同。为了降低成本就出现了全功能设备(Full Functional Device，FFD)和半功能设备(Reduced Functional Device，RFD)之分。FFD 支持所有的网络拓扑，在网络中可以充当任何设备(协调器、路由器或终端设备)，而且可以与所有设备进行通信；而 RFD 则在网络中只能作为子节点不能有自己的子节点(即只能作为终端设备)，而且其只能与自己的父节点通信，RFD 功能是 FFD 功能的子集。

ZigBee 有效弥补了低成本、低功耗和低速率无线通信市场的空缺，它的最大优点是丰富而便捷的应用，而不是技术本身。相信在不远的将来，将有越来越多的内置 ZigBee 功能的设备进入人们的生活，并将极大地改善人们的生活方式和体验。

从 IEEE 802.15.4 到 ZigBee 不难发现，这些标准的目的，就是希望以低价切入产业自动化控制、能源监控、机电控制、照明系统管控、家庭安全和遥控等领域，传递少量信息，如控制(control)或事件(event)的数据传递，都是 ZigBee 适合发挥的场合。

2．WiFi 技术

1) WiFi 简介

1999 年时各个厂商为了统一兼容 IEEE 802.11 标准的设备而结成了一个标准联盟，称为 Wi-Fi Alliance，而 WiFi 这个名词，也是它们为了能够更广泛地为人们接受而创造出的一个商标类名词，也有人把它称为"无线保真"。

WiFi 实际上为制定 IEEE 802.11 无线网络的组织，并非代表无线网络，但是后来人们逐渐习惯用 WiFi 来称呼 IEEE 802.11 协议。它的最大优点就是传输速度较高，另外它的有效距离也很长，同时也与已有的各种 IEEE 802.11 DSSS 设备兼容。笔记本电脑上的迅驰技术就是基于该标准的。目前无线局域网，主流采用 IEEE 802.11 协议，故常直接称为 WiFi 网络。

2) WiFi 技术的特点

(1) 组网简便。无线局域网的组建在硬件设备上的要求与有线相比，更加简洁方便，而且目前支持无线局域网的设备已经在市场上得到了广泛的普及，不同品牌的接入点(Access Point，AP)以及客户网络接口之间在基本的服务层面上都是可以实现互操作的。无线局域网的规划可以随着用户的增加而逐步扩展。在初期根据用户的需要布置少量的点。当用户数量增加时，只需再增加几个 AP 设备，而不需要重新布线。

(2) 业务可集成性。由于 WiFi 技术在结构上与以太网完全一致，所以能够将无线局域网集成到已有的宽带网络中，也能将已有的宽带业务应用到无线局域网中。这样就可以利用已有的宽带有线接入资源，迅速地部署无线局域网，形成无缝覆盖。

(3) 完全开放的频率使用段。无线局域网使用的是全球开放的频率使用段，使得用户端无须任何许可就可以自由使用该频段上的服务。

3) WiFi 技术的应用

WiFi 和蓝牙一样，同属于短距离无线通信技术。WiFi 的速率最高可达 11 Mb/s。虽然在数据安全性方面比蓝牙技术要差一些，但在电波的覆盖范围方面却略胜一筹，可达 100 m，不用说家庭、办公室，就是小一点的整栋大楼也可使用。如图 7.11 所示为 WiFi

技术应用结构。

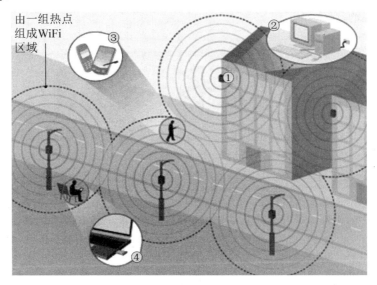

图 7.11 WiFi 技术应用结构

如今的智能手机大多数都带有 WiFi 无线上网功能，使用 WiFi 上网可以省去一笔不小的流量费。使用计算机无线上网的用户对无线路由器很了解，使用智能手机无线上网也要用无线路由器来连接互联网。打开智能手机的无线网络，在手机设置中找到所使用的 WiFi 名称，输入相应的密码，让手机与 WiFi 相连，连接成功后就能无线上网了，如图 7.12 所示。

3. 蓝牙技术

图 7.12 使用智能手机 WiFi 上网

1) 蓝牙简介

"蓝牙"(Bluetooth)一词是斯堪的纳维亚语中 Blåtand / Blåtann (即古挪威语 blåtonn)的一个英语化版本。该词是 10 世纪的一位国王 Harald Bluetooth 的绰号，他将纷争不断的丹麦部落统一为一个王国。以蓝牙命名的想法最初是 Jim Kardach 于 1997 年提出的，Kardach 开发了能够允许移动电话与计算机通信的系统。当时他正在阅读的一本由 Frans G.Bengtsson 撰写的描写北欧海盗和 Harald Bluetooth 国王的历史小说 *The Long Ships*，于是灵感一现把通信协议统一为全球标准，并以蓝牙命名。

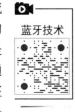

蓝牙技术

蓝牙的标志取自 Harald Bluetooth 名字中的 H 和 B 两个字母，用北欧字母来表示，将两者结合起来，就形成了蓝牙的标志，如图 7.13 所示。

蓝牙是一种无线技术标准，可实现固定设备、移动设备之间的短距离数据交换。蓝牙技术最初由电信巨头爱立信公司创制，1997 年爱立信与其他设备生产商联系，并激发了它们对该项技术的浓厚兴趣。1998 年 2 月，5 个跨国大公司，包括爱立信、诺基亚、IBM、东芝及 Intel 组成了一个特殊兴趣小组,它们共同的目标是研制一种全球性的小范围无线通信技术,即现在的蓝牙。

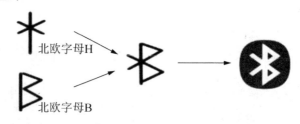

图 7.13 蓝牙标志的由来

2) 蓝牙技术的特点

蓝牙技术提供低成本、近距离的无线通信,构成固定设备与移动设备通信环境中的个人网络,使得近距离内各种设备实现无缝资源共享。显然,这种通信技术与传统的通信模式有明显的区别,它的初衷是希望以相同成本和安全性实现一般电缆的功能,从而使得移动用户摆脱电缆的束缚。

蓝牙技术具备以下特点。

(1) 能传送语音和数据。

(2) 低成本、低功耗和低辐射。

(3) 安全性较高。

(4) 网络特性。

3) 蓝牙技术的应用

蓝牙的具体实施依赖于应用软件、蓝牙存储栈、硬件及天线 4 个部分,适用于包括任何数据、图像、声音等短距离通信的场合。蓝牙技术可以代替蜂窝电话和远程网络之间通信时所用的有线电缆,提供新的多功能耳机,从而在蜂窝电话、个人计算机,甚至随身听等中使用,也可用于笔记本电脑、个人数字助理等之间的名片数据交换。蓝牙协议可以固化为一个芯片,安置于各种智能终端中。如图 7.14 所示为蓝牙传输信号的过程。

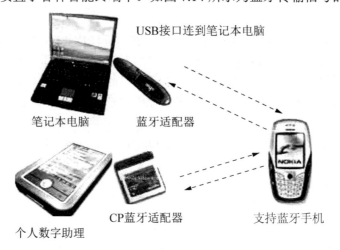

图 7.14 蓝牙传输信号的过程

7.1.4 烧写.hex 文件实验

1. 实验目的

(1) 学会安装配置实验所需要的环境。

(2) 学会生成.hex 文件。

(3) 掌握.hex 文件烧写的方法。

2. 实验内容

1) 实验环境的安装

(1) 这里我们使用的开发环境是 IAR 8.10。安装 IAR 8.10 (32/64bit 系统均可)的步骤如下。

① 打开 IAR 8.10 安装文件，单击"Next"按钮，如图 7.15 所示。

图 7.15　IAR 8.10 安装界面

② 输入用户名称、序列号等信息，单击"Next"按钮，如图 7.16 所示。

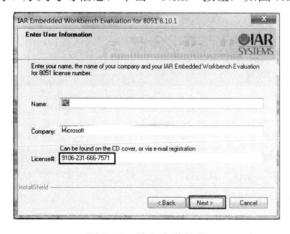

图 7.16　输入安装信息

③ 使用默认安装路径进行安装，单击"Next"按钮，如图 7.17 所示。之后按提示进行安装即可。

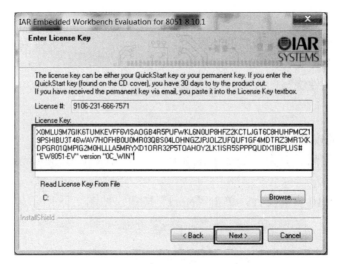

图 7.17　选择安装路径

安装成功后可从"开始"菜单中打开 IAR Embedded Workbench，如图 7.18 所示。

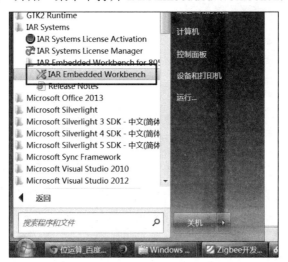

图 7.18　打开 IAR Embedded Workbench

(2) CC Debugger 驱动程序的安装步骤如下。

① 首先将 CC Debugger 仿真器接入计算机。然后打开"计算机管理"窗口，在右侧窗格找到新加入的设备(SmartRF04EB)，右击该设备，在弹出的快捷菜单中选择"更新驱动程序软件"命令，如图 7.19 所示。

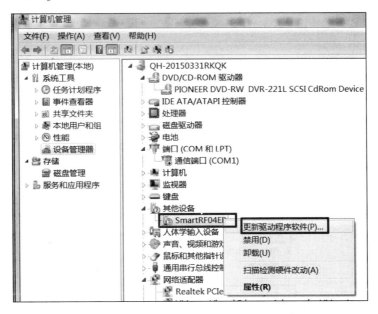

图 7.19 选择"更新驱动程序软件"命令

② 在弹出的对话框中选择"浏览计算机以查找驱动程序软件"选项,以手动选择驱动程序路径,如图 7.20 所示。

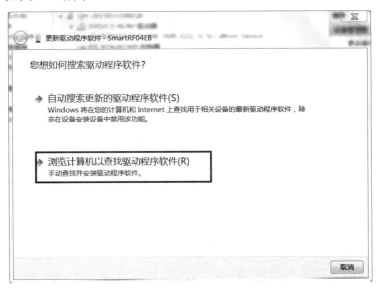

图 7.20 选择"浏览计算机以查找驱动程序软件"选项

③ 此处选择的路径为 C:\Program Files\IAR Systems\Embedded Workbench 6.0 Evaluation\8051\drivers\Texas Instruments,如图 7.21 所示。

物联网的商业应用

图 7.21 选择路径

④ 安装完成界面如图 7.22 所示。

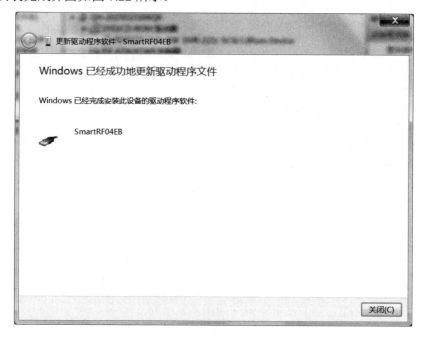

图 7.22 安装完成界面

⑤ 安装完成后,重新拔插 CC Debugger 仿真器,在"计算机管理"窗口中找到 Smart RF04EB(见图 7.23)或 CC Debugger,说明驱动程序安装完成,如图 7.23、图 7.24 所示。

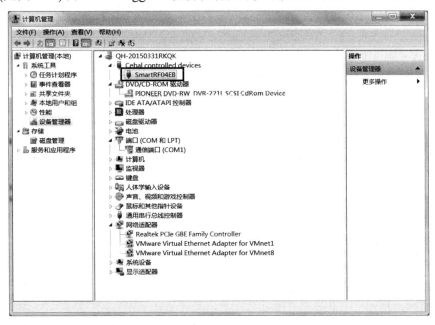

图 7.23　确认安装成功 1

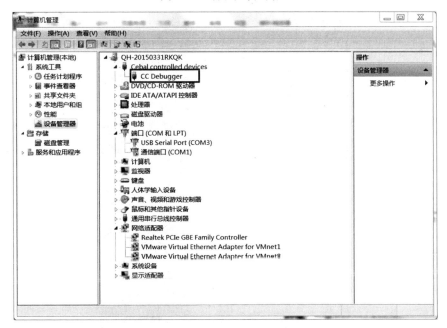

图 7.24　确认安装成功 2

⑥ 硬件测试。连接模块,按下 CC Debugger 仿真器的复位键,RUN 指示灯亮起(见图 7.25),就可以进行下一步实验了。

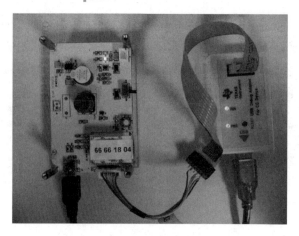

图 7.25　RUN 指示灯亮起

(3) TI 协议栈 ZStack-CC2530-2.5.0 的安装步骤如下。

ZStack 的安装比较简单，安装在默认路径即可。

ZStack 在基础实验中暂时不用。通过基础实验，我们可以学习其资源和内部寄存器。

2）集成开发环境 IAR 的基本操作

(1) 新建工程。

从计算机桌面的"开始"菜单中选择 IAR 软件，如图 7.26 所示。打开 IAR 软件界面，如图 7.27 所示。

图 7.26　打开 IAR 软件

第 7 章 物联网商业应用专业实验 1：无线传感器网络实验

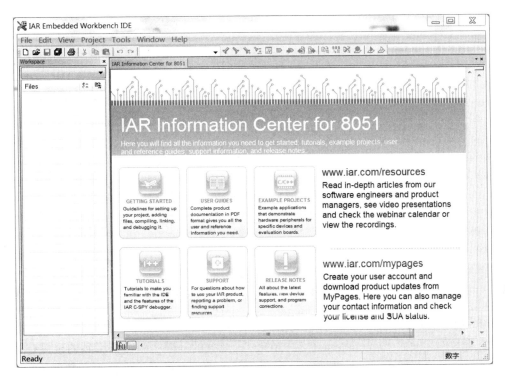

图 7.27　IAR 软件界面

在菜单栏中依次选择"Project"→"Create New Project"命令，弹出"Create New Project"对话框，保持默认选项即可，单击"OK"按钮，如图 7.28 所示。弹出"另存为"对话框，选择工程文件的保存路径，单击"保存"按钮，如图 7.29 所示。

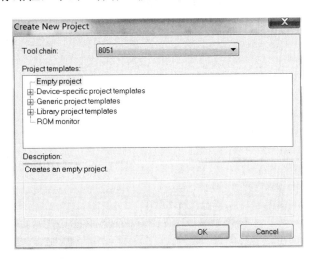

图 7.28　"Create New Project"对话框

物联网的商业应用

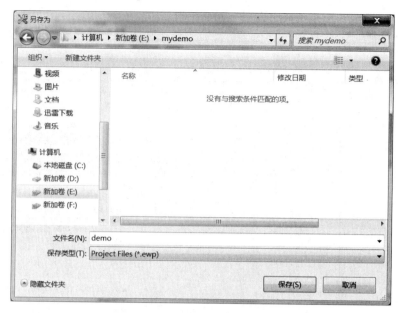

图 7.29 "另存为"对话框

(2) 新建 main.c 文件。

新建文件,输入"#include<ioCC2530.h>",此处的基础实验需要用到的也只有这个头文件。单击工具栏中的"保存"按钮,弹出"另存为"对话框,将文件设置为.c 格式,保存在工程文件所在的路径下,单击"保存"按钮,如图 7.30 所示。接下来就可以在 main.c 文件中编写程序了。

图 7.30 新建 main.c 文件

第 7 章 物联网商业应用专业实验 1：无线传感器网络实验

(3) 在工程中添加文件。

在左侧窗格中的工程文件上右击，在弹出的快捷菜单中选择"Add"→"Add Files"命令，如图 7.31 所示。将刚才保存的 main.c 文件添加到工程文件中，成功添加后的界面如图 7.32 所示。

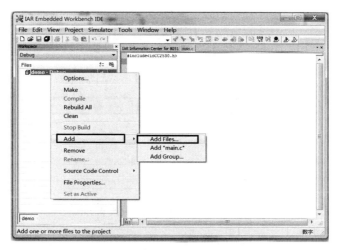

图 7.31　选择"Add Files"命令

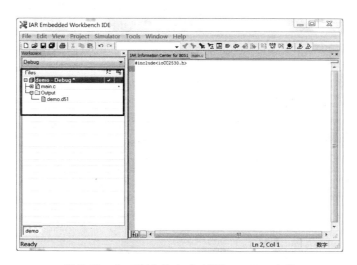

图 7.32　在工程文件中成功添加 main.c 文件

(4) IAR 工程配置。

① General Options 配置。在菜单栏中依次选择"Project"→"Options"命令，进入工程配置界面。在左侧列表框中选择"General Options"，在右侧窗格中单击"Device"后的"…"按钮，在弹出的"打开"对话框中先返回上一级目录，然后打开"Texas Instruments"文件夹，选择"CC2530F256"芯片。其他配置详如图 7.33 所示。

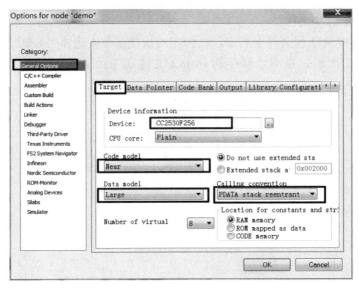

图 7.33　General Options 配置界面

② Linker 配置。在工程配置界面的左侧列表框中选择"Linker",在右侧窗格中的"Config"选项卡下的"Linker Configration file"选项区域中单击"…"按钮,在弹出的"打开"对话框中先返回上一级目录,然后打开"Texas Instruments"文件夹,选择"lnk51ew_cc2530F256.xcl"文件(这里使用的是 CC2530F256 芯片),如图 7.34 所示。

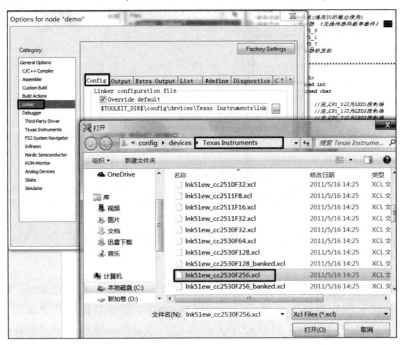

图 7.34　Linker 配置界面

③ Debugger 配置。在工程界面的左侧列表框中选择"Debugger",在右侧窗格中的"Setup"选项卡"Driver"下拉列表框中选择"Texas Instruments"(使用编程器仿真),在"Device Description file"选项区域中选择 io8051.ddf 文件,如图 7.35 所示。

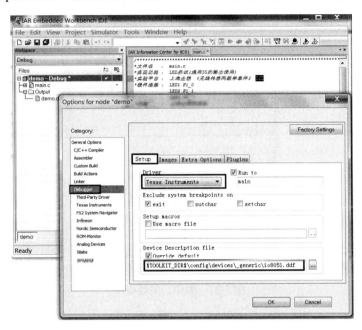

图 7.35　Debugger 配置界面

至此,基本配置已经完成,其他配置在以后需要用到时再讲解。

最后单击工具栏中的"全部保存"按钮,保存工程,如图 7.36 所示。

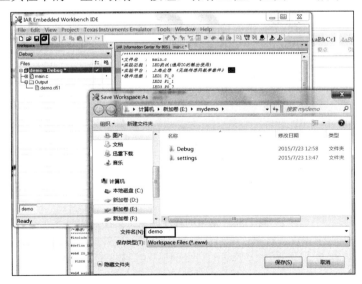

图 7.36　保存工程

(5) 编译和调试程序。

① 编译、下载程序。

在工具栏中单击"编译和连接"按钮,编译后显示 0 错误和 0 警告。将 CC Debugger 仿真器和模块连接好,然后单击"下载和仿真"按钮,如图 7.37 所示。

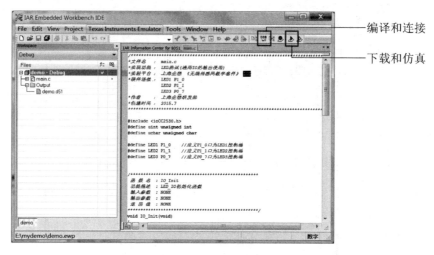

图 7.37 编译、下载程序

② 调试程序。

下载完成后,进入仿真调试界面,常用工具按钮如图 7.38 所示。

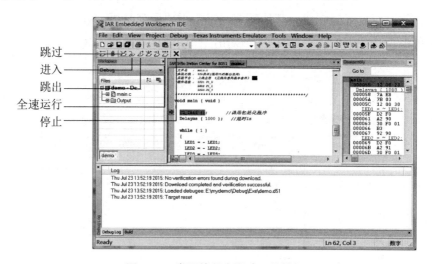

图 7.38 常用的程序调试工具按钮

③ 查看原函数。

右击函数名,在弹出的快捷菜单中选择"Go to definition of IO_Init"命令,可以查看原函数,如图 7.39 所示。

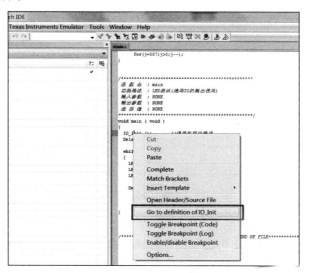

图 7.39 查看原函数

④ 设置代码字体格式。

在代码框内右击,在弹出的快捷菜单中选择"Options"命令,在弹出的对话框中可以设置代码的字体、大小、颜色等,如图 7.40、图 7.41 所示。

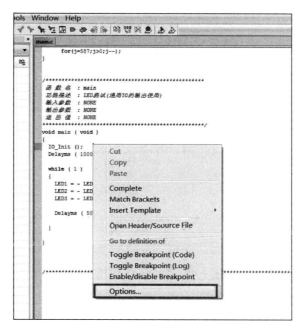

图 7.40 选择"Options"命令

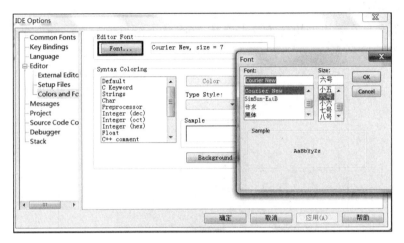

图 7.41　设置代码的字体格式

(6) 使用 Texas Instruments(简称 TI) SmartRF Flash Programmer 软件烧写。

现在大部分的 CC Debugger 仿真器都支持在 IAR 编译环境中进行程序的下载和调试，非常方便。在此补充另一种程序烧写方法，即使用 TI SmartRF Flash Programmer 软件烧写 .hex 文件。

① 配置 IAR 编译器并生成 .hex 文件。配置过程如图 7.42、图 7.43 所示。

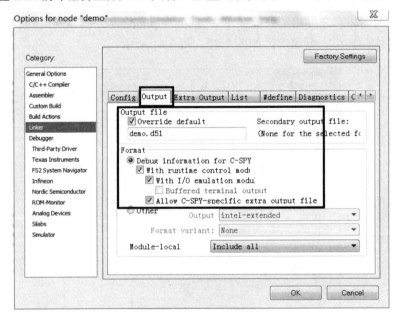

图 7.42　"Output"选项卡

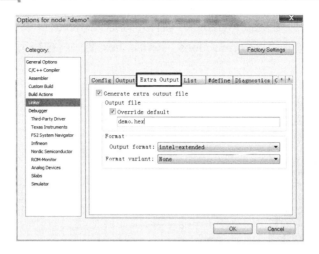

图 7.43 "Extra Output"选项卡

在工具栏中单击"编译和连接"按钮,会在工程目录下的 Debug、Exe 目录中找到生成的.hex 文件。

② 烧写时,把 CC Dcbugger 仿真器(见图 7.44)与模块用烧写口接口线(见图 7.45)连接,打开模块开关(开关按钮置于"ON"位置),指示灯为绿灯时可正常工作;若为红灯,则按复位键,如图 7.46 所示。

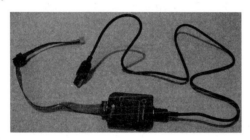

图 7.44 CC Debugger 仿真器

图 7.45 烧写口接口线

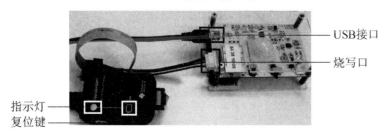

图 7.46 CC Debugger 与开发板连接示意

③ 打开 TI SmartRF Flash Programmer 软件,选择"System-on-Chip"选项卡,添加刚刚生成的.hex 文件,单击"Perform actions"按钮,.hex 文件就被烧写到芯片内,如图 7.47 所示。

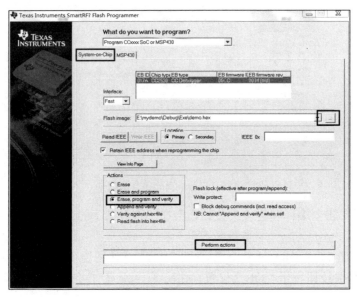

图 7.47　TI SmartRF Flash Programmer

7.2　烟雾报警系统

7.2.1　烟雾报警系统简介

烟雾报警系统是一款重要的安防产品,即使在掉线状态或没有网关的情况下,也可以工作,除了不能给手机等移动设备发送报警信息外,本地报警与切断总阀完全没有问题,能够全面保障用户家庭的安全,避免因可燃气体泄漏而引发的火灾。

7.2.2　继电器和烟雾传感器实验

1. 实验目的

(1) 认识上位机、继电器模块和烟雾传感器模块。

(2) 掌握继电器模块和烟雾传感器模块的通信实验操作。

(3) 观察实验现象,了解无线传感器数据传递的过程。

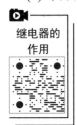
继电器的作用

2. 模块介绍

本实验模块由继电器模块和烟雾传感器模块组成,如图 7.48～图 7.52 所示。

第 7 章　物联网商业应用专业实验 1：无线传感器网络实验

继电器和烟雾传感器实验彩图

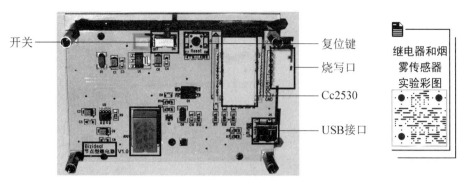

图 7.48　节点型继电器模块

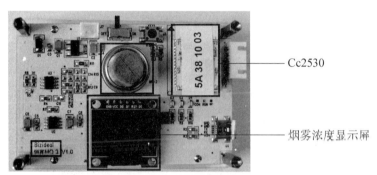

图 7.49　MQ-2 型烟雾传感器模块

图 7.50　烟雾传感器模块接线口

图 7.51　烟雾传感器模块复位键和开关

图 7.52　供电电池

3. 实验步骤

(1) 烧写代码(具体操作方法见第 7.1.4 节)。

(2) 打开本书配套的配置工具"无线传感网教学套件箱配置工具 1.4.4.exe",即上位机控制软件,如图 7.53 所示。

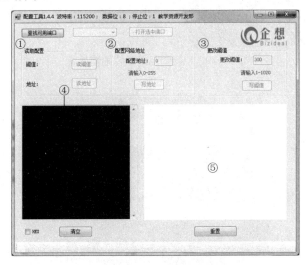

图 7.53　配置工具(上位机)

上位机中各功能选项介绍如下。

① 读取配置。读取继电器模块或烟雾传感器模块的阈值和网络地址,网络地址一致时才能通信。

② 配置网络地址。重新配置继电器模块或烟雾传感器模块的网络地址(网络地址范围为 0~255),保证网络地址一致。

③ 更改阈值。改写烟雾传感器模块的阈值(阈值范围为 1~1 020),当烟雾浓度大于烟雾传感器模块设置的阈值时,继电器模块接收信号,完成通信。

④ 数据显示区。烟雾传感器模块检测到的烟雾浓度、读阈值、读地址。

⑤ 烟雾浓度值折线图。烟雾传感器模块检测到的烟雾浓度折线图。

(3) 将 USB 接口线与继电器连接，打开继电器(开关按钮置于"ON")。在配置工具中单击"查找可用端口"按钮，选择"COM3"端口，单击"打开选中端口"按钮，如图 7.54 所示。此时"打开选中端口"按钮变为"关闭选中端口"按钮。如果端口选择错误可单击"关闭选中端口"按钮重新选择。

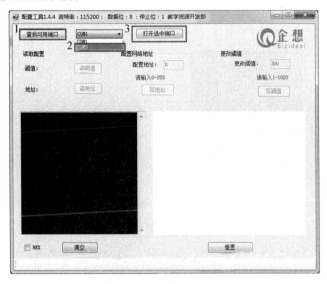

图 7.54　选择可用端口

查看所用计算机可用端口的方法如下。

在桌面上右击"计算机"图标，在弹出的快捷菜单中选择"管理"命令，打开"计算机管理"窗口；在左侧窗格选择"设备管理器"，在右侧窗格单击"端口(COM 和 LPT)"前的小三角形，会出现下级列表，如"USB Serial Port(COM3)"，其中括号内的 COM3 即为可用端口，如图 7.55 所示。

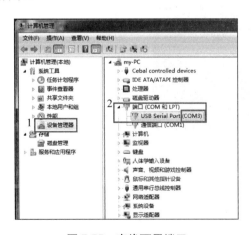

图 7.55　查找可用端口

(4) 单击"读地址"按钮,可读取继电器的地址,记下此时数据,如图 7.56 所示。

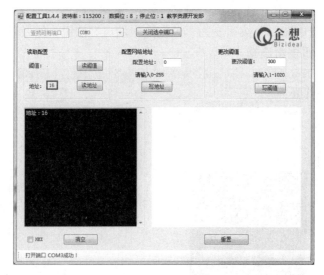

图 7.56　读取继电器地址

(5) 单击"关闭选中端口"按钮,将 USB 接口线与烟雾传感器连接,打开烟雾传感器(开关按钮置于"ON"),单击"打开选中端口"按钮。

(6) 单击"读阈值"按钮,可读取烟雾传感器的阈值,如图 7.57 所示。

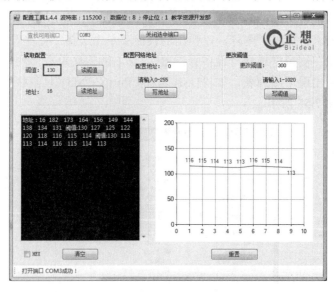

图 7.57　读取烟雾传感器阈值

如果阈值不符合要求,可在"更改阈值"文本框中重新输入合适的阈值,如图 7.58 所示。

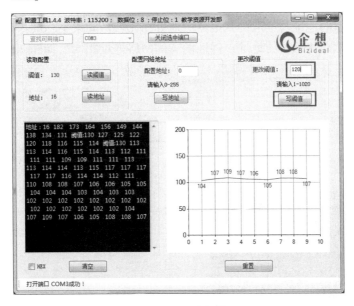

图 7.58　更改阈值

在"更改阈值"文本框中输入合适的阈值后,单击"写阈值"按钮,在弹出的对话框中单击"确定"按钮。5s 后按下烟雾传感器上的复位键,此时烟雾传感器的阈值改写成功,可再次单击"读阈值"按钮检查。

(7) 单击"读地址"按钮,可读取烟雾传感器的地址,如图 7.59 所示。

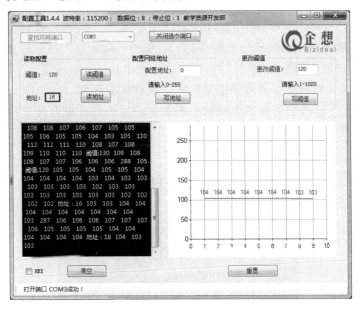

图 7.59　读取烟雾传感器地址

将烟雾传感器的地址与读取的继电器的地址相比较，如果不相同，在"配置地址"文本框中重新输入烟雾传感器的地址，保证两者的网络地址相同，如图 7.60 所示。

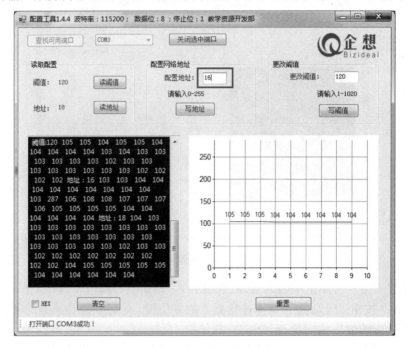

图 7.60　配置网络地址

单击"写地址"按钮，在弹出的对话框中单击"确定"按钮。5s 后按下烟雾传感器上的复位键，此时烟雾传感器的地址改写成功，可单击"读地址"按钮检查。两个模块的网络地址一致时才可以实现无线通信。

(8) 改变烟雾传感器模块周围的烟雾浓度，观察实验现象。

① 正常情况下，当烟雾传感器检测到的烟雾浓度不超过烟雾传感器设置的阈值时，继电器的 D9 灯亮，如图 7.61 所示。

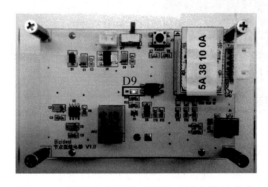

图 7.61　烟雾浓度不超过阈值时继电器的状态

② 当烟雾传感器检测到的烟雾浓度超过烟雾传感器设置的阈值时,继电器的 D9、D5 灯交替闪烁,并伴有"嘀嗒"声,如图 7.62 所示。

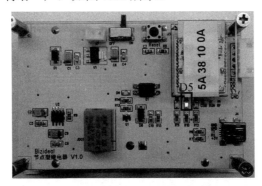

图 7.62 烟雾浓度超过阈值时继电器的状态

此时上位机中显示的烟雾浓度折线图如图 7.63 所示。

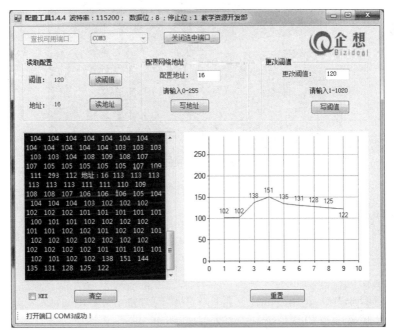

图 7.63 上位机中显示的烟雾浓度折线图

MQ-2 型烟雾传感器是半导体传感器,用于测量可燃气体、烟雾的浓度,适用于家庭或工厂的气体泄漏监测装置,适宜对液化气、丁烷、丙烷、甲烷、酒精、氢气、烟雾等的监测。

注意,这种传感器对于气体、烟雾浓度的测量能力是会被"消耗"的。当接触的可燃气体、烟雾的数量达到一定程度时就会失效。所以只能用来检测偶尔出现的可燃气体(如用在火灾报警器上),若用作连续测量很快就会失效。

7.3 智能感应门

7.3.1 智能感应门简介

智能感应门(见图 7.64)通过感应方式来实现门开关的控制,当有移动物体靠近门时,门可以自动开启或关闭。智能感应门按感应方式不同可分为红外线感应门、微波感应门、刷卡感应门、触摸式感应门等;按开关方式不同大致可分为平移式感应门、旋转式感应门和推拉式感应门。其中,平移式感应门和旋转式感应门最适合设置感应器。

图 7.64　智能感应门

现代智能感应门产品具有以下特点。

(1) 主控制器采用全数字智能化控制系统,选用旋钮及拨跳式开关,调节方便,可任意设定门扇的运行状态,备有多功能组合控制线,方便与门禁系统驳接。

(2) 直流电动机,强劲无声且有力。

(3) 系统具有半开、全开、常开、常闭、互锁等功能。

(4) 电路连接普遍采用插接方式,简捷方便,更安全。

(5) 吊具系统采用 PU 材料的双滑轮,耐磨、耐老化性能好,摩擦阻力极小,使用寿命长,使门扇在运行中平稳无噪声。

(6) 方便的尾轮调整器,可迅速调整皮带松紧度,还配有专业减震弹簧。

(7) 下部导向器采用最新外置轴承式运行导向轮,配有坚厚的不锈钢底盘避免生锈。

7.3.2 人体红外传感器与直流电动机实验

1. 实验目的

(1) 认识人体红外传感器模块和直流电动机模块。

(2) 掌握人体红外传感器模块和直流电动机模块的通信实验操作。

(3) 观察实验现象,了解无线传感器数据传递的过程。

2. 模块介绍

本实验模块由人体红外传感器模块和直流电动机模块组成,如图 7.65、图 7.66 所示。

人体红外传感器与直流电动机实验彩图

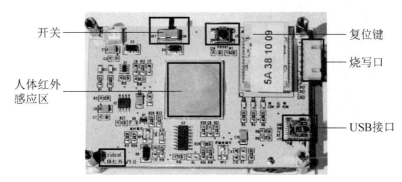

图 7.65 人体红外传感器模块

图 7.66 直流电动机模块

直流电动机

3. 实验步骤

(1) 烧写代码(具体操作方法见第 7.1.4 节)。

(2) 打开配置工具"无线传感网教学套件箱配置工具 1.4.4exe",即上位机控制软件(上位机控制软件介绍见第 7.2.2 节)。

(3) 将 USB 接口线与人体红外传感器连接,打开人体红外传感器,查找、选择并打开可用端口(查看计算机可用端口的方法见第 7.2.2 节)。

(4) 单击"读地址"按钮,可读取人体红外传感器的地址,记下此时数据,如图 7.67 所示。

图 7.67　读取人体红外传感器地址

(5) 单击"关闭选中端口"按钮，将 USB 接口线与直流电动机连接，打开直流电动机，单击"打开选中端口"按钮。

(6) 单击"读地址"按钮，可读取直流电动机的地址，如图 7.68 所示。

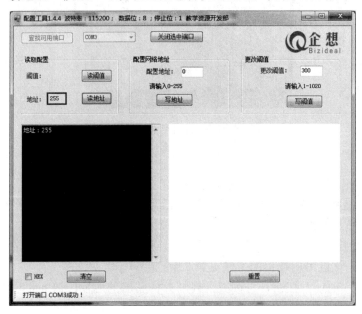

图 7.68　读取直流电动机地址

将直流电动机的地址与读取的人体红外传感器的地址相比较，如果不相同，在"配置地址"文本框中重新输入直流电动机的地址，保证两者的网络地址相同，如图 7.69 所示。

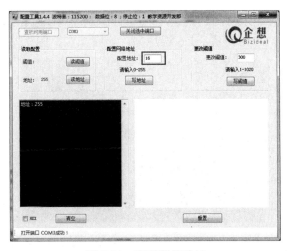

图 7.69　配置网络地址

单击"写地址"按钮,在弹出的对话框中单击"确定"按钮。5s 后按下直流电动机上的复位键,此时直流电动机的地址改写成功,可单击"读地址"按钮检查。两个模块的网络地址一致时才可以实现无线通信。

(7) 把手靠近人体红外传感器,观察实验现象。

① 当人体红外传感器检测到人手时,人体红外传感器将信号传递到直流电动机,直流电动机中的风扇逆时针转动,D1、D5 红灯亮;人体红外传感器的 D9 红灯亮,如图 7.70、图 7.71 所示。

图 7.70　当检测到人手时直流电动机的状态

图 7.71　当检测到人手时人体红外传感器的状态

② 当人体红外传感器未检测到人手时，直流电动机中的风扇顺时针转动，D1、D6 绿灯亮；人体红外传感器 D5 红灯亮、D6 绿灯亮，如图 7.72、图 7.73 所示。

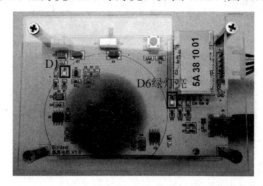

图 7.72　当未检测到人手时直流电动机的状态

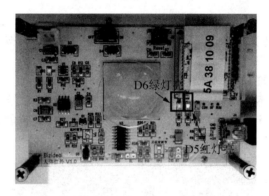

图 7.73　当未检测到人手时人体红外传感器的状态

7.4　智能安防报警系统

7.4.1　智能安防报警系统简介

随着经济的发展、社会的进步，人们的生活水平得到了极大的提高。享受生活之余，家居安全成为人们非常牵挂的事情。要做好家居安全防范，选择家庭智能安防报警系统是最合适不过的了。

智能安防报警系统(见图 7.74)可以对人身安全、财产安全等进行实时监控，当发生入室盗窃、火灾、燃气泄漏和紧急求助等情况时，系统会自动拨打用户设定的电话，及时播报险情。

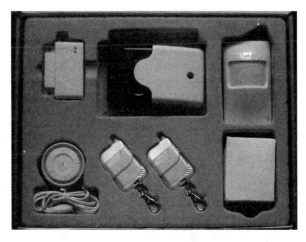

图 7.74 智能安防报警系统

一套完善的智能安防报警系统可确保每一个用户的生命财产安全。智能安防报警系统由家庭报警主机和各种前端探测器组成。前端探测器可分为门窗磁、燃气探测器、烟雾探测器、红外感应器和紧急求助按钮等。

智能安防报警系统与家中的各种传感器、功能键、探测器及执行器共同构成家庭的安防体系,是家庭安防体系的"大脑"。智能安装防报警系统的功能包括紧急求助预设报警、报警管理显示、报警及联动、设撤防联动控制和警情后控制处理等。

(1) 紧急求助功能。安装在室内的报警控制器具有紧急呼叫功能,小区管理中心可对住户的紧急求助信号做出回应并进行救助。

(2) 预设报警功能。智能安防报警系统可预设报警电话,如 110、120、119 等,并与小区管理中心实现联网。另外,可通过预设发警报到住户的手机或指定电话上。

(3) 报警管理显示功能。住户离开家时,为有效防止非法入侵,设防进入离家模式(即防盗报警状态),小区物业中心的管理系统可实时接收报警信号,自动显示报警住户号和报警类型,并自动进行系统信息存档。

(4) 报警及联动功能。通过安装门磁、窗磁,防止非法入侵,主人和小区警卫可通过安装在住户室内的报警控制器在小区管理中心得到信号从而快速接警处理。同时,报警联动控制可在室内发生报警,系统向外发出报警信息的同时,自动打开室内的照明灯光、启动警报等。

(5) 设撤防联动控制。主人外出前启动安全防范系统的同时,系统可以联动切断某些家用电器的电源。例如,关掉所有的灯光,切断电视机等家用电器的插座电源;主人回家时可调整为正常,进入在家撤防模式,部分照明灯自动打开,门磁和窗磁离线,而室内烟雾探测器和厨房的可燃气体探测器仍在报警模式。

(6) 警情后控制处理。当家中有非法入侵者或者燃气泄漏时,智能安防报警系统会自动拨打电话、发送短信、抓拍图片并 E-mail 到指定用户手机。用户接到电话或短信时可以第一时间用手机查看家中监控画面,并进行控制家中家电、布防撤防等操作。

7.4.2 人体红外传感器与蜂鸣器、求助按钮实验

人体红外传感器与蜂鸣器、按钮实验彩图

1. 实验目的

(1) 认识人体红外传感器模块和蜂鸣器、求助按钮模块。
(2) 掌握人体红外传感器模块和蜂鸣器、求助按钮模块的通信实验操作。
(3) 观察实验现象,了解无线传感器数据传递的过程。

2. 模块介绍

本实验模块由人体红外传感器模块和蜂鸣器、求助按钮模块组成,如图 7.75、图 7.76 所示。

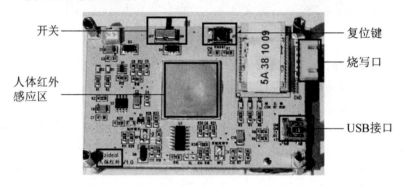

图 7.75 人体红外传感器模块

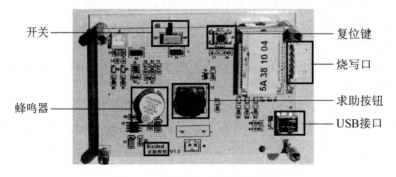

图 7.76 蜂鸣器、求助按钮模块

3. 实验步骤

(1) 烧写代码(具体操作方法见第 7.1.4 节)。

说明:求助按钮与蜂鸣器设置在一个模块上,在烧写代码时,每烧写一次,蜂鸣器就会报警一次,按下求助按钮即可停止报警。

(2) 打开配置工具"无线传感网教学套件箱配置工具 1.4.4exe",即上位机控制软件(上位机控制软件介绍见 7.2.2 节)。

(3) 将 USB 接口线与求助按钮连接,打开求助按钮,查找、选择并打开可用端口(查

看计算机可用端口的方法见第 7.2.2 节)。

(4) 单击"读地址"按钮，可读取求助按钮的地址，记下此时数据，如图 7.77 所示。

图 7.77　读取求助按钮地址

(5) 单击"关闭选中端口"按钮，将 USB 接口线与人体红外传感器连接，打开人体红外传感器，单击"打开选中端口"按钮。

(6) 单击"读地址"按钮，可读取人体红外传感器的地址，如图 7.78 所示。

图 7.78　读取人体红外传感器地址

将人体红外传感器的地址与读取的求助按钮的地址相比较,如果不相同,在"配置地址"文本框中重新输入人体红外传感器的地址,保证两者的网络地址相同,如图7.79所示。

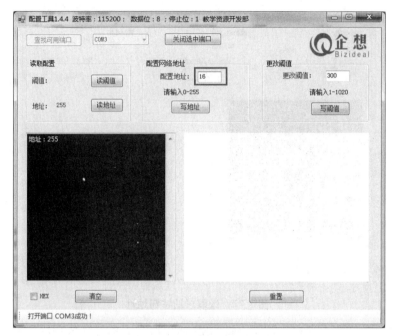

图 7.79　配置网络地址

单击"写地址"按钮,在弹出的对话框中单击"确定"按钮。5s 后按下人体红外传感器上的复位键,此时人体红外传感器的地址改写成功,可再次单击"读地址"按钮检查。两个模块的网络地址一致时才可实现无线通信。

(7) 将手靠近人体红外传感器,观察实验现象。

当手靠近人体红外传感器时,人体红外传感器检测到信号并传递给蜂鸣器,蜂鸣器发出"嘀"的报警声,按下求助按钮,报警声消失。

7.5　智能采光系统

7.5.1　智能采光系统简介

智能家居的智能采光系统(见图 7.80)根据某一区域的功能、每天不同的时间、室外光亮度或该区域的用途来自动控制采光,是整个智能家居的基础部分。

第 7 章　物联网商业应用专业实验 1：无线传感器网络实验

图 7.80　智能采光系统

7.5.2　光照度传感器与步进电动机实验

1. 实验目的

(1) 认识光照度传感器模块和步进电动机模块。
(2) 掌握光照度传感器模块和步进电动机模块的通信实验操作。
(3) 观察实验现象，了解无线传感器数据传递的过程。

2. 模块介绍

本实验模块由光照度传感器模块和步进电动机模块组成，如图 7.81～图 7.83 所示。

光照度传感器与步进电动机实验彩图

步进电动机

图 7.81　光照度传感器模块

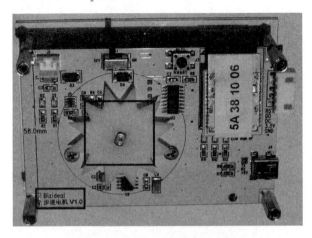

图 7.82　步进电动机模块正面

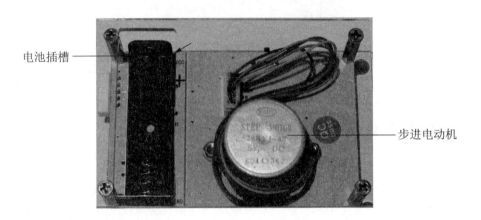

图 7.83　步进电动机模块背面

3. 实验步骤

(1) 烧写代码(具体操作方法见第 7.1.4 节)。

(2) 打开配置工具"无线传感网教学套件箱配置工具 1.4.4exe",即上位机控制软件(上位机控制软件介绍见第 7.2.2 节)。

(3) 将 USB 接口线与步进电动机连接,打开步进电动机,查找、选择并打开可用端口(查看计算机可用端口的方法见第 7.2.2 节)。

(4) 单击"读地址"按钮,可读取步进电动机的地址,记下此时数据,如图 7.84 所示。

(5) 单击"关闭选中端口"按钮,将 USB 接口线与光照度传感器连接,打开光照度传感器,单击"打开选中端口"按钮。

图 7.84　读取步进电动机地址

(6) 单击"读阈值"按钮，可读取光照度传感器的阈值，如图 7.85 所示。

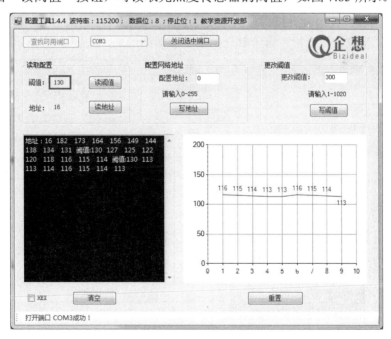

图 7.85　读取光照度传感器阈值

如果阈值不符合要求，可在"更改阈值"文本框中重新输入合适的阈值，如图 7.86 所示。

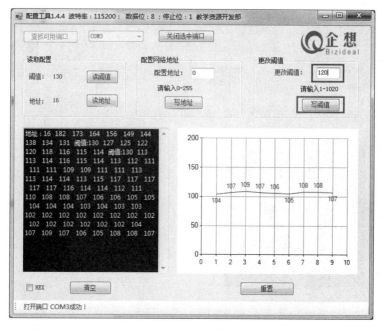

图 7.86　更改阈值

在"更改阈值"文本框中输入合适的阈值后，单击"写阈值"按钮，在弹出的对话框中单击"确定"按钮。5s 后按下光照度传感器上的复位键，此时光照度传感器的阈值改写成功，可再次单击"读阈值"按钮检查。

(7) 单击"读地址"按钮，可读取光照度传感器的地址，如图 7.87 所示。

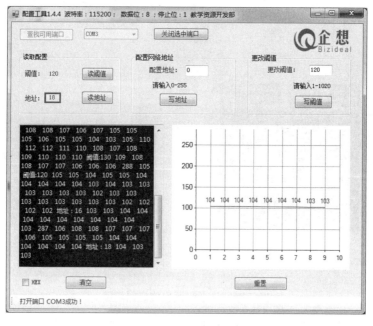

图 7.87　读取光照度传感器地址

将光照度传感器的地址与读取的步进电动机的地址相比较，如果不相同，在"配置地址"文本框中重新输入光照度传感器的地址，保证两者的网络地址相同，如图 7.88 所示。

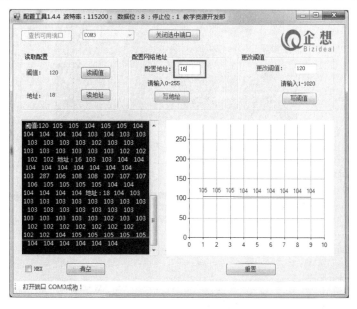

图 7.88　配置网络地址

单击"写地址"按钮，在弹出的对话框中单击"确定"按钮。5s 后按下光照度传感器上的复位键，此时光照度传感器的地址改写成功，可单击"读地址"按钮检查。两个模块的网络地址一致时才可实现无线通信。

(8) 对光照度传感器进行遮光及强光处理，观察实验现象。

① 当光照强度超过设定的阈值时(见图 7.89)，证明光线强，光照度传感器将检测到的信号传递给步进电动机，步进电动机上的白色齿轮开始旋转，意味着步进电动机开始工作。

图 7.89　光照强度超过阈值时

② 当用遮挡物把光敏电阻挡住时，光线变弱，光照强度未超过设定的阈值(见图 7.90)，步进电动机上的白色齿轮停止旋转，意味着步进电动机停止工作。

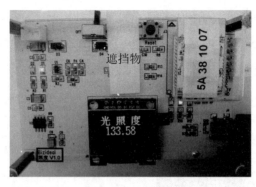

图 7.90　光照强度未超过阈值时

此时上位机中显示的光照强度折线图如图 7.91 所示。

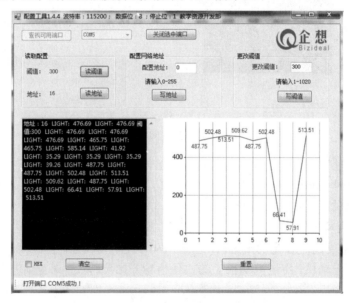

图 7.91　上位机中显示的光照强度折线图

7.6　燃气报警系统

7.6.1　燃气报警系统简介

燃气报警系统(见图 7.92)是能够检测环境中的可燃性气体浓度，并具有报警功能的系统，其基本组成部分包括气体信号采集电路、模数转换电路、单片机控制电路。

气体信号采集电路一般由气敏传感器和模拟放大电路组成，将气体信号转化为模拟的电信号。模数转换电路将从燃气检测电路送出的模拟信号转换成单片机可识别的数字信号后送入单片机。单片机控制电路对该数字信号进行处理，并对处理后的数据进行分析，是否大于或等于某个预设值，如果大于则会自动启动报警电路发出报警声音,反之则为正常状态。

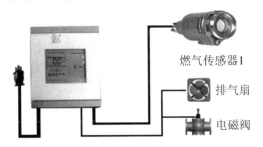

图 7.92 燃气报警系统

为使报警装置更加完善,可以在声音报警基础上,加入光闪报警,变化的光信号可以引起用户注意,弥补嘈杂环境中声音报警的局限。

燃气传感器(见图 7.93)又称可燃气体探测器,它是对单一或多种可燃气体浓度响应的探测器。

燃气报警器的核心是燃气传感器,俗称"电子鼻"。这是一个独特的电阻,当"闻"到燃气时,传感器电阻随燃气浓度而变化,燃气达到一定浓度,电阻达到一定水平时,报警器就可以发出声光报警。

燃气传感器可分为催化型燃气传感器、半导体燃气传感器和自然扩散燃烧式燃气传感器三种类型。

1. 催化型燃气传感器

催化型燃气传感器(见图 7.94)是利用难熔金属铂丝加热后的电阻变化来测定可燃气体浓度的。当可燃气体进入传感器时,在铂丝表面引起氧化反应(无焰燃烧),其产生的热量使铂丝的温度升高,而铂丝的电阻率便发生变化。

图 7.93 燃气传感器

图 7.94 催化型燃气传感器

2. 半导体燃气传感器

半导体燃气传感器(见图 7.95)使用灵敏度较高的气敏半导体元件,它在工作状态时,遇到可燃气体，半导体电阻下降，下降值与可燃气体浓度有对应关系。

3. 自然扩散燃烧式燃气传感器

自然扩散燃烧式燃气传感器(见图7.96)，其特点是燃烧所需空气不是依靠风机或其他强制供风方式供给，而是依靠自然通风或燃料本身的压力引入空气来获得助燃氧气的燃烧。

图7.95　半导体燃气传感器

图7.96　自然扩散燃烧式燃气传感器

7.6.2　燃气传感器和蜂鸣器、求助按钮实验

燃气传感器和蜂鸣器、求助按钮实验彩图

1. 实验目的

(1) 认识燃气传感器模块和蜂鸣器、求助按钮模块。
(2) 掌握燃气传感器模块和蜂鸣器、求助按钮模块的通信实验操作。
(3) 观察实验现象，了解无线传感器数据传递的过程。

2. 模块介绍

本实验模块由燃气传感器模块和蜂鸣器、求助按钮模块组成，如图7.97、图7.98所示。

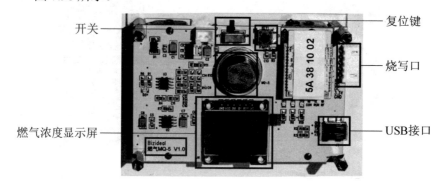

图7.97　燃气传感器模块

第 7 章 物联网商业应用专业实验 1：无线传感器网络实验

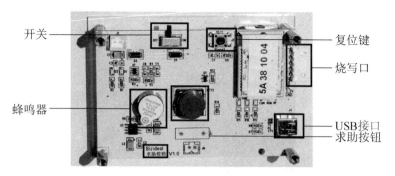

图 7.98　蜂鸣器、求助按钮模块

3. 实验步骤

(1) 烧写代码(具体操作方法见第 7.1.4 节)。

说明：求助按钮与蜂鸣器设置在一个模块上，在烧写代码时，每烧写一次，蜂鸣器就会报警一次，按下求助按钮就会停止报警。

(2) 打开配置工具"无线传感网教学套件箱配置工具 1.4.4exe"，即上位机控制软件(上位机控制软件介绍见第 7.2.2 节)。

(3) 将 USB 接口线与求助按钮连接，打开求助按钮，查找、选择并打开可用端口(查看计算机可用端口的方法见第 7.2.2 节)。

(4) 单击"读地址"按钮，可读取求助按钮的地址，记下此时数据，如图 7.99 所示。

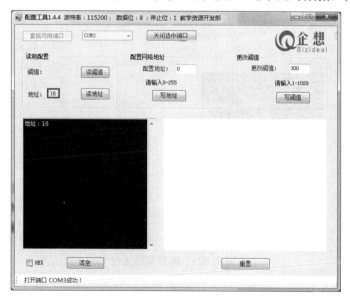

图 7.99　读取求助按钮地址

(5) 单击"关闭选中端口"按钮，将 USB 接口线与燃气传感器连接，打开燃气传感器，单击"打开选中端口"按钮。

(6) 单击"读地址"按钮，可读取燃气传感器的地址，如图 7.100 所示。

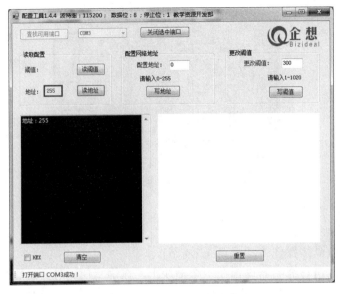

图 7.100　读取燃气传感器地址

将燃气传感器的地址与读取的求助按钮的地址相比较，如果不相同，在"配置地址"文本框中重新输入燃气传感器的地址，保证两者的网络地址相同，如图 7.101 所示。

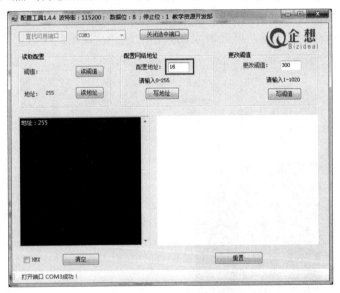

图 7.101　配置网络地址

单击"写地址"按钮，在弹出的对话框中单击"确定"按钮。5 秒后按下燃气传感器上的复位键，此时燃气传感器的地址改写成功，可单击"读地址"按钮检查。两个模块的网络地址一致时才可实现无线通信。

(7) 改变燃气传感器周围的燃气浓度，观察实验现象。

当燃气浓度大于燃气传感器阈值时，燃气传感器将检测到的信号传递给蜂鸣器，蜂鸣器发出"嘀"的报警声，D5 红灯亮；按下求助按钮，报警声消失，D5 红灯仍亮，如图 7.102 所示。

图 7.102 燃气浓度大于阈值时

7.7 智能花园灌溉系统

7.7.1 智能花园灌溉系统简介

智能花园灌溉系统(见图 7.103)采用智能化控制技术和无线通信技术，实现全自动、全天候、无人值守的园林灌溉功能，既可达到节水效果，又有助于提高管理水平和灌溉系统的综合调度能力，能够降低成本、提高效率，在灌水数量、灌水时间、供水空间上做到精确和远程控制。

图 7.103 智能花园灌溉系统

1. 智能花园灌溉系统实现的智能化控制

(1) 通过远程操作模式,可在异地对家中的花园进行浇灌。

(2) 智能调节浇灌,减少因不了解植物所需而浪费水和养料的情况发生,进而节约资源。

(3) 智能分析植物所需的最佳生长环境,根据最佳生长环境进行智能浇灌、施肥。

2. 智能花园灌溉系统的优势

(1) 实时性。用户可以通过计算机或手机随时随地监测阳光照度、降雨量、土壤含水量、土壤养分等信息,可实时了解系统的运行状况。

(2) 易实施。系统采用无线传感器网络技术进行实时监测,从而使传感器节点的布置灵活方便,易于实施,同时也可以远程控制。

(3) 智能化。系统可根据阳光照度、降雨量、土壤含水量、土壤养分自动控制浇灌水量,并根据不同的植物及地势进行不同的水量浇灌,使土壤湿度保持在植物生长所需要的最佳范围之内。

(4) 高效节水。系统可根据土壤湿度分布状态及草坪的地势情况对草坪进行智能化灌溉,并采用曲线浇灌模式,即浇灌水量随着时间及土壤湿度的增加而曲线减少,实现节约用水。

(5) 无人值守。系统可在夜间或某固定时段定时浇灌,减少蒸发,实现无人值守。

7.7.2 温湿度传感器与直流电动机实验

1. 实验目的

(1) 认识温湿度传感器模块和直流电动机模块。
(2) 掌握温湿度传感器模块和直流电动机模块的通信实验操作。
(3) 观察实验现象,了解无线传感器数据传递的过程。

2. 模块介绍

本实验模块由温湿度传感器模块和直流电动机模块组成,如图 7.104、图 7.105 所示。

温湿度与直流电动机实验彩图

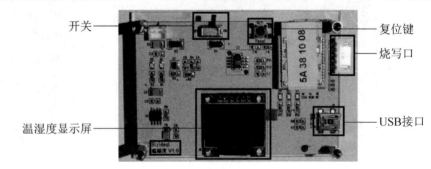

图 7.104 温湿度传感器模块

第 7 章 物联网商业应用专业实验 1：无线传感器网络实验

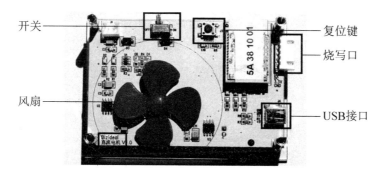

图 7.105 直流电动机模块

3. 实验步骤

(1) 烧写代码(具体操作方法见第 7.1.4 节)。

(2) 打开配置工具"无线传感网教学套件箱配置工具 1.4.4.exe"，即上位机控制软件(上位机控制软件介绍见第 7.2.2 节)。

(3) 将 USB 接口线与直流电动机连接，打开直流电动机，查找、选择并打开可用端口(查看计算机可用端口的方法见第 7.2.2 节)。

(4) 单击"读地址"按钮，可读取直流电动机的地址，记下此时数据，如图 7.106 所示。

图 7.106 读取直流电动机地址

(5) 单击"关闭选中端口"按钮，将 USB 接口线与温湿度传感器连接，打开温湿度传感器，单击"打开选中端口"按钮。

温湿度传感器同时检测温度和湿度，在实验过程中，改变的实验变量到底是温度还是湿度，主要看在上位机中选择的是温度还是湿度。

若要观察温度变化对实验现象的影响,则在上位机中选择"温度"单选按钮;若要观察湿度变化对实验现象的影响,则在上位机中选择"湿度"单选按钮,如图 7.107 所示。

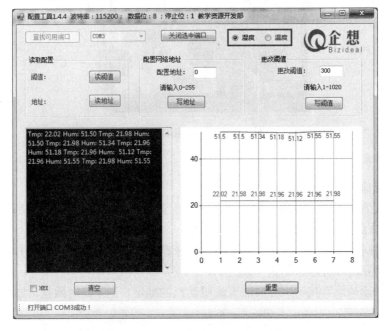

图 7.107　选择"温度"或"湿度"

(6) 单击"读地址"按钮,可读取温湿度传感器的地址。温度和湿度在一个模块上检测,网络地址一样,如图 7.108 所示。

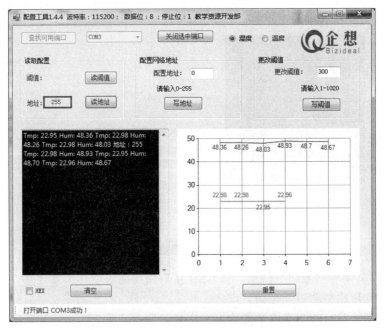

图 7.108　读取温湿度传感器地址

将温湿度传感器的地址与读取的直流电动机的地址相比较，如果不相同，在"配置地址"文本框中输入温湿度传感器的地址，保证两者的网络地址相同，如图 7.109 所示。

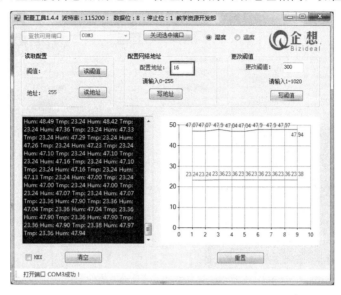

图 7.109 配置网络地址

单击"写地址"按钮，在弹出的对话框中单击"确定"按钮。5 秒后按下温湿度传感器上的复位键，此时温湿度传感器的地址改写成功，可单击"读地址"按钮检查。两个模块的网络地址一致时才可实现无线通信。

(7) 在上位机中选择"湿度"单选按钮，单击"读阈值"按钮，即可读取温湿度传感器湿度的阈值，如图 7.110 所示。

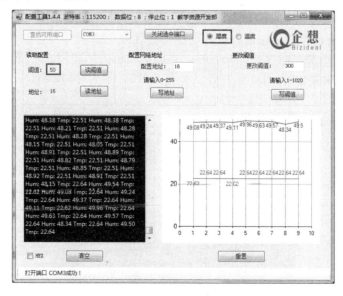

图 7.110 读取温湿度传感器阈值

如果阈值不符合要求，可在"更改阈值"文本框中重新输入合适的阈值，如图7.111所示。

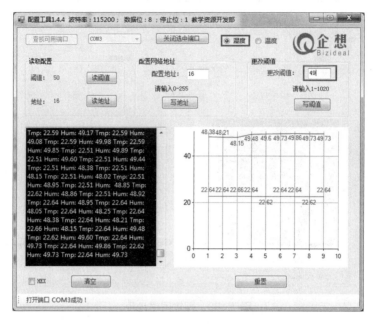

图 7.111　更改湿度阈值

在"更改阈值"文本框中输入合适的阈值后，单击"写阈值"按钮，在弹出的对话框中单击"确定"按钮。5 秒后按下温湿度传感器上的复位键，此时温湿度传感器的阈值改写成功，可再次单击"读阈值"按钮检查。

温度阈值的读取、更改操作步骤与湿度相同。

(8) 改变温湿度传感器周围的温度和湿度，观察实验现象。

① 改变温湿度传感器周围的温度，观察实验现象。

若湿度不超过阈值，温度超过阈值时，直流电动机的风扇转一下停一下，风扇转动时 D5 红灯亮，风扇停止时，D6 绿灯亮，如图 7.112、图 7.113 所示。

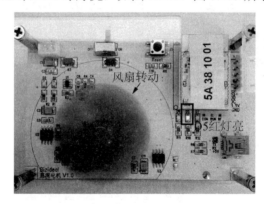

图 7.112　风扇转动时

第 7 章 物联网商业应用专业实验 1：无线传感器网络实验

图 7.113 风扇停止时

当温湿度都超过阈值时，直流电动机的风扇不停转动，D5 红灯亮。

② 改变温湿度传感器周围的湿度，观察实验现象。

若温度不超过阈值，湿度超过阈值时，直流电动机的风扇不停转动，D5 红灯亮。上位机中显示的温湿度折线图如图 7.114 所示。

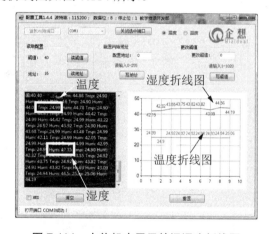

图 7.114 上位机中显示的温湿度折线图

7.8 环境监测系统

7.8.1 环境监测系统简介

随着人们生活水平的不断提高，人们日益重视自己的居住环境，为了监测室内环境状况，及时预报当前的环境质量，家居环境监测系统应运而生。

家居环境监测系统是基于半导体传感器的反应原理，并结合了当前成熟的电子信息技术来检测室内污染气体情况，以实现室内环境中各项技术指标的自动监测。环境监测系统主要由中央控制系统和环境监测子系统组成，如图 7.115 所示。它们在硬件上都采用微型工作站来进行数据接收和分析。

图 7.115　环境监测系统

7.8.2　PM2.5 传感器、气压传感器和 LCD 显示器实验

1. 实验目的

(1) 认识 PM2.5 传感器模块、气压传感器模块和 LCD 显示器模块。

(2) 掌握 PM2.5 传感器模块、气压传感器模块和 LCD 显示器模块的通信实验操作。

(3) 观察实验现象，了解无线传感器数据传递的过程。

2. 模块介绍

本实验模块由 PM2.5 传感器模块、气压传感器模块和 LCD 显示器模块组成，如图 7.116～图 7.118 所示。

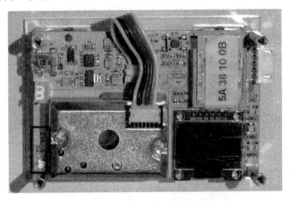

图 7.116　PM2.5 传感器模块

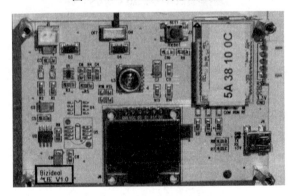

图 7.117　气压传感器模块

第 7 章 物联网商业应用专业实验 1：无线传感器网络实验

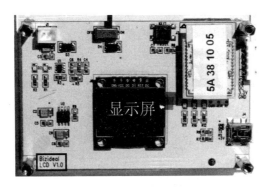

图 7.118　LCD 显示器模块

3. 实验步骤

(1) 烧写代码(具体操作方法见第 7.1.4 节)。

(2) 打开配置工具"无线传感网教学套件箱配置工具 1.4.4exe"，即上位机控制软件(上位机控制软件介绍见第 7.2.2 节)。

(3) 将 USB 接口线与 PM2.5 传感器连接，打开 PM2.5 传感器，查找、选择并打开可用端口(查看计算机可用端口的方法见第 7.2.2 节)。

(4) 单击"读地址"按钮，可读取 PM2.5 传感器的地址，记下此时数据，如图 7.119 所示。

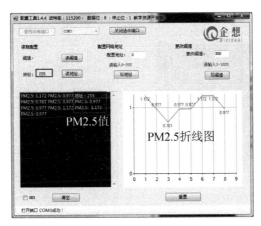

图 7.119　读取 PM2.5 传感器地址

(5) 单击"关闭选中端口"按钮，将 USB 接口线与气压传感器连接，打开气压传感器，单击"打开选中端口"按钮。单击"读地址"按钮，可读取气压传感器的地址，如图 7.120 所示。

将气压传感器的地址与 PM2.5 传感器的地址相比较，如果地址不一致，在"配置地址"文本框中输入气压传感器的地址，保持两者的网络地址一致。

单击"写地址"按钮，在弹出的对话框中单击"确定"按钮。5 秒后按下气压传感器的复位键，此时气压传感器的地址改写成功。

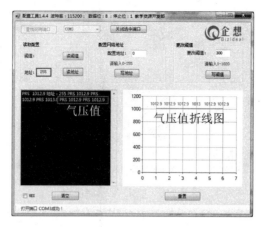

图 7.120 读取气压传感器地址

(6) 单击"关闭选中端口"按钮，将 USB 接口线与 LCD 显示器连接，打开 LCD 显示器，单击"打开选中端口"按钮。单击"读地址"按钮，可读取 LCD 显示器的地址，如图 7.121 所示。

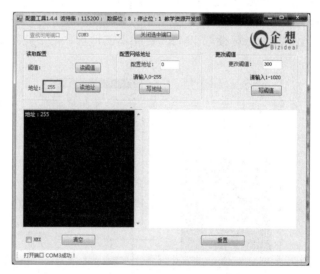

图 7.121 读取 LCD 显示器地址

将 LCD 显示器的地址与 PM2.5 传感器的地址相比较，如果地址不一致，在"配置地址"文本框中输入 LCD 显示器的地址，保证两者的网络地址一致。

单击"写地址"按钮，在弹出的对话框中单击"确定"按钮。5 秒后按下 LCD 显示器的复位键，此时，LCD 显示器的地址改写成功。

PM2.5 传感器、气压传感器和 LCD 显示器的网络地址一致时才可实现无线通信。

(7) 通过观察 LCD 显示器显示屏上的数据，观察实验现象。

PM2.5 浓度值、气压值，都会在 LCD 显示屏上显示，如图 7.122 所示。

第 7 章 物联网商业应用专业实验 1：无线传感器网络实验

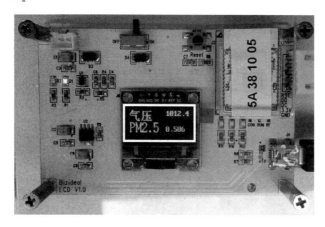

图 7.122　LCD 显示屏显示的数据

7.9　本章小结

本章主要介绍了无线传感器网络的知识，包含无线传感器网络技术的应用系统及相关实验。

习　题

1．与各种现有网络相比，无线传感网具有哪几个特点？
2．简介智能安防报警系统的组成和功能。
3．WiFi 技术有哪些特点？

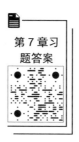

第 7 章习题答案

第 8 章
物联网商业应用专业实验 2：RFID 应用实验

本章的教学目的是使学生了解 RFID 的原理与应用，掌握相关技能(包括 RFID 的门禁系统的应用，RFID 读写器和 LCD 显示器实验的相关技能)。

RFID——物联网的排头兵

RFID 是物联网的重要组成部分。RFID 技术将物理基础设施和 IT(Internet Technology，互联网技术)基础设施整合为一个平台，整个物联网世界的运转基于此平台进行。RFID 在物联网中的应用实例举不胜举。在交通管控方面，ETC 是以基于通信电子技术、自动控制技术、计算机和网络技术等，实现不停车自动收费的智能交通电子系统。当装有 RFID 电子标签的车辆在有效距离范围内靠近 ETC 读写器时，ETC 读写器便收到激发发出微波信号，安装在该车辆上的电子标签收到读写器的查询信号后，将自身的数据信息反馈给读写器。起到防止堵车以及减少人为乱收费等作用。在超市结算方面，作为"新式武器"，2003年6月，沃尔玛在美国芝加哥举办的零售业系统展览会上，宣布将采用 RFID 取代目前广泛应用的条形码，成为第一个公布正式采用该技术的企业。此举一方面可以降低运营资本，完善物流服务，另一方面可以将顾客的消费偏好实时上报，获得更高的顾客满意度和忠诚度。在防伪领域方面，企业加入防伪功能简单易行，其过程标签数据不可见，几乎实现自动化，并支持全双工通信，易于与其他防伪技术结合使用。

8.1 RFID 简介

RFID 是通过射频手段识别物体的身份、特性等信息，被称为影响未来的十大 IT 项目之一。它可以广泛地应用于工业自动化、商业自动化、交通管理；汽车、火车等交通监控；高速公路自动收费系统；停车场管理系统；物品管理；安全出入检查；物流、仓储管理；动物管理；车辆防盗；医疗与防伪等各行各业。

RFID 卡按载波频率分为低频卡、中高频卡和超高频卡及微波卡。低频卡的频率主要有 125 kHz 和 135 kHz 两种，中高频卡的频率主要为 13.56 MHz，超高频卡及微波卡的频率主要为 433.92 MHz、915 MHz、2.45 GHz、5.8 GHz 等。低频卡主要用于短距离、低成本的应用系统中，如多数的门禁控制、校园卡、动物监管、货物跟踪等。中高频卡用于门禁控制和需传送大量数据的应用系统。超高频卡及微波卡应用于需要较长的读写距离和高读写速度的场合，其天线波束方向较窄且价格较高，在火车监控、高速公路收费等系统中应用。

相较于 125 kHz 及 13.56 MHz 的低频和中高频 RFID，900 MHz 以上的超高频 RFID 属于技术层次更高、应用范围更广的专业领域。无论使用低频或中高频 RFID，其读取距离都只能达到近场(nearfield)范围，而超高频 RFID 可同时满足近场与远场(farfield)的需求。对于读取距离需求相同，超高频 RFID 天线的尺寸大小远小于其他低频天线，操作上也容易许多。除了读取距离较长外，超高频 RFID 还有读取速度快的优点。以 RFID 标准协议中的 ISO18000-6C(EPC Class1，Gen2)协议为例，其读取率可达每秒 1 700 次。

从操作上来讲，RFID 类似于条形码扫描，对于条形码技术而言，它是将已编码的条形码附着于目标物，并使用专用的扫描读写器利用光信号将信息由条形磁信号传送到扫描读写器；而 RFID 则使用专用的 RFID 读写器及专门的可附着于目标物的 RFID 电子标签，利用频率信号将信息由 RFID 电子标签传送至 RFID 读写器。

1. RFID 的基本结构

从结构上讲，RFID 是一种简单的无线系统，只有两个基本器件，分别是应答器和读写器。该系统用于控制、检测和跟踪物体，通常由一个读写器和很多应答器组成。RFID 的基本结构如图 8.1 所示。

(1) 应答器由天线、耦合元件及芯片组成。一般来说都是用电子标签作为应答器，每个电子标签具有唯一的电子编码，附着在物体上标识目标对象。

(2) 读写器由天线、耦合元件、芯片组成，是用于读取(有时还可以写入)标签信息的设备，可设计为手持式 RFID 读写器或固定式读写器。

(3) 应用软件系统是应用层软件，主要作用是把收集的数据进一步处理，并为人们所使用。

2. RFID 核心技术

RFID 是一种非接触式的自动识别技术，它通过射频信号自动识别目标对象并获取相关数据，识别工作无须人工干预，可工作于各种恶劣环境。RFID 可识别高速运动物体并可同时识别多个电子标签，操作快捷方便。

物联网的商业应用

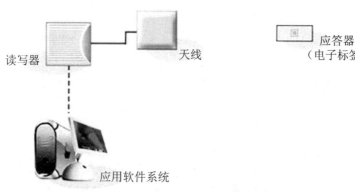

图 8.1　RFID 的基本结构

　　RFID 电子标签是一种突破性的技术，与条形码技术相比，其具有多个优势：第一，可以识别单个的非常具体的物体，而不是像条形码那样只能识别一类物体；第二，采用无线电射频，可以透过外部材料读取数据，而条形码必须靠激光来读取信息；第三，可以同时对多个物体进行识读，而条形码只能一个一个地读。此外，电子标签存储的信息量也非常大。

3. RFID 的主要分类

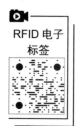

RFID 电子标签

　　RFID 中所衍生的产品大概有三大类：无源 RFID 产品、有源 RFID 产品、半有源 RFID 产品。

　　(1) 无源 RFID 产品的发展最早，也是发展最成熟、市场应用最广的产品。例如，公交卡、食堂餐卡、银行卡、宾馆门禁卡、二代身份证等，如图 8.2 所示。它在人们的日常生活中随处可见，属于近距离接触式识别类。其产品的主要工作频率有低频 125 kHz、中高频 13.56 MHz、超高频 433.92 MHz，超高频 915 MHz。

(a) 公交卡

(b) 食堂餐卡　　　　　　　　　　(c) 二代身份证

图 8.2　无源 RFID 产品

(2) 有源 RFID 产品是近几年慢慢发展起来的，它具有远距离自动识别的特性，决定了其巨大的应用空间和市场潜质，在远距离自动识别领域，如智能监狱、智能医院、智能停车场、智能交通、智慧城市、智慧地球及物联网等领域有重要应用，如图 8.3 所示。其产品的主要工作频率有超高频 433.92 MHz、微波 2.45 GHz 和 5.8 GHz。

(a) 智慧医院

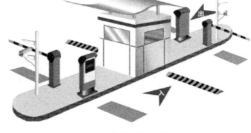
(b) 智能停车场

图 8.3 有源 RFID 产品

有源 RFID 产品和无源 RFID 产品各自具有不同的特性，决定了它们有不同的应用领域和不同的应用模式。但在本章中，我们着重介绍介于有源 RFID 和无源 RFID 之间的半有源 RFID 产品，该产品集有源 RFID 和无源 RFID 的优势于一身，在门禁进出管理、人员精确定位、区域定位管理、周界管理、电子围栏及安防报警等领域有着很大的优势。

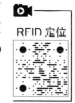

(3) 半有源 RFID 也称低频激活触发技术，利用低频近距离精确定位，微波远距离识别和上传数据，来实现单纯的有源 RFID 和无源 RFID 没有办法实现的功能。简单地说，就是近距离激活定位，远距离识别及上传数据。

半有源 RFID 是一项易于操控、简单实用且特别适合用于自动化控制的灵活性应用技术，识别工作无须人工干预。它既可支持只读工作模式也可支持读写工作模式，且无须接触或瞄准；可在各种恶劣环境下工作，短距离射频产品不怕油渍、灰尘污染等恶劣的环境，可以替代条形码，如应用在工厂的流水线上跟踪物体；长距射频产品多用于交通领域，识别距离可达几十米，如自动收费或识别车辆身份等，如图 8.4 所示。

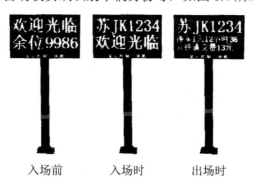

图 8.4 智能停车场自动识别车辆收费系统演示

4. RFID 的性能特点

(1) 数据存储量大。与传统形式的标签相比，RFID 电子标签的容量更大(1bit～1 024bit)，数据可随时更新、读写。

(2) 读写速度快。与条形码相比，RFID 电子标签无须直线对准扫描，读写速度更快，可多目标识别、运动识别。

(3) 使用方便。体积小，容易封装，可以嵌入产品内。

(4) 安全。专用芯片，序列号唯一，很难复制。

(5) 耐用。无机械故障，寿命长，抗恶劣环境。

(6) 感应效果好。

5. RFID 的工作原理

RFID 的基本工作原理(见图 8.5)并不复杂，电子标签进入磁场后，接收读写器发出的射频信号，凭借感应电流所获得的能量发送存储在芯片中的产品信息(PassiveTag，无源标签或被动标签)，或者主动发送某一频率的信号(Active Tag，有源标签或主动标签)；读写器读取信息并解码后，送至中央信息系统进行相关数据处理。

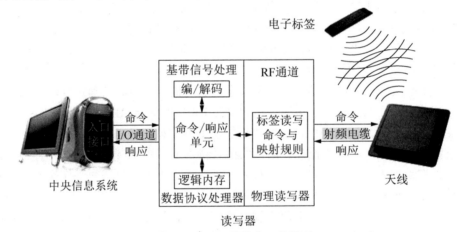

图 8.5 RFID 的基本工作原理

6. 图内的 RFID 标准

中国电子标签标准的问题一直是国内外关注的焦点，也是关乎能否尽快推动中国 RFID 产业快速发展的核心问题。

近年来，国内的 RFID 现行标准如表 8-1 所列。

表 8-1 国内的 RFID 现行标准

序号	标准号	标准名称	类别	状态	发布日期	实施日期
1	GB/T 38333-2019	铅酸蓄电池用射频识别(RFID)电子标签技术规范	推标	现行	2019-12-10	2020-7-1
2	GB/T 38059-2019	气瓶射频识别(RFID)应用充装控制管理要求	推标	现行	2019-10-18	2020-5-1

续表

序号	标准号	标准名称	类别	状态	发布日期	实施日期
3	GB/T 37886-2019	气瓶射频识别(RFID)读写设备技术规范	推标	现行	2019-8-30	2020-3-1
4	GB/T 37026-2018	服装商品编码与射频识别(RFID)标签规范	推标	现行	2018-12-28	2019-7-1
5	GB/T 35290-2017	信息安全技术 射频识别(RFID)系统通用安全技术要求	推标	现行	2017-12-29	2018-7-1
6	GB/T 35412-2017	托盘共用系统电子标签(RFID)应用规范	推标	现行	2017-12-29	2018-7-1
7	GB/T 35660.1-2017	信息与文献 图书馆射频识别(RFID)第1部分：数据元素及实施通用指南	推标	现行	2017-12-29	2017-12-29
8	GB/T 35660.2-2017	信息与文献 图书馆射频识别(RFID)第2部分：基于 ISO/IEC 15962 规则的 RFID 数据元素编码	推标	现行	2017-12-29	2018-7-1

8.2 RFID 应用实例

1. 射频门禁

应用 RFID 的射频门禁(见图 8.6)系统，可以实现持有效电子标签的车不停车，方便通行又节约时间，提高路口的通行效率，更重要的是可以对小区或停车场的车辆出入进行实时的监控，准确验证出入车辆和车主身份，维护区域治安，使小区或停车场的安防管理更加人性化、信息化、智能化、高效化。

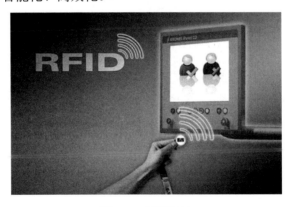

图 8.6 射频门禁

2. 电子溯源

溯源技术大致有三种：第一种是 RFID 无线射频技术，在产品包装上加贴一个带芯片的标识，产品在进出仓库和运输中就可以自动采集和读取相关的信息，产品的流向都可以记录在芯片上；第二种是二维码，消费者只需要通过带摄像头的手机扫描二维码，就能查询到产品的相关信息，查询的记录都会保留在系统内，一旦产品需要召回就可以直接发送短信给消费者，实现精准召回；第三种是在条形码中加上产品批次信息(如生产日期、生产时间、批号等)。

电子溯源系统可以实现所有批次产品从原料到成品、从成品到原料 100%的双向追溯功能。这个系统最大的特点就是数据的安全性，每个人工输入的环节均被软件实时备份。

3. 食品溯源

采用 RFID 进行食品的溯源在一些城市已经开始试点，如宁波、广州、上海等地。食品溯源主要解决食品来路的跟踪问题，如果发现了有问题的产品，可以快速追溯，直到找到问题的根源，如图 8.7 所示。

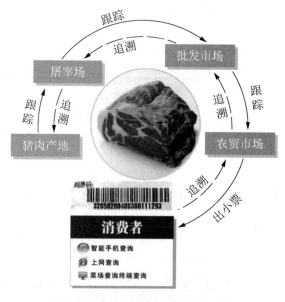

图 8.7　食品溯源流程

4. 产品防伪

RFID 应用于防伪实际上就是在普通的商品上加一个 RFID 电子标签，电子标签本身相当于一个商品的身份证，伴随商品生产、流通、使用的各个环节，在各环节记录商品的各项信息。

8.3　RFID 基础实验

1. 实验目的

(1) 认识 RFID 套件模块。

(2) 掌握低频钥匙扣卡、中高频卡或中高频电子标签、超高频卡或超高频电子标签数据的读写。

(3) 观察实验，理解 RFID 卡的工作原理。

2. 模块介绍

本实验模块包括主控板、超高频板、中高频板、低频板、J-Link 仿真器、超高频 RFID 天线、低频钥匙扣卡(ID4100、T5557)、S50 高频卡、高频电子标签、超高频卡、超高频电子标签等。实验中用到的器材如图 8.8～图 8.22 所示。

主控板用于处理获取的数据(见图 8.8)。

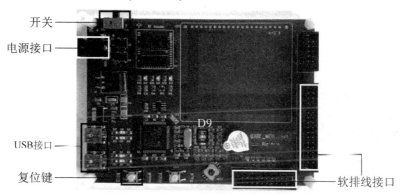

图 8.8　主控板

超高频板、中高频板、低频板用于数据读写(见图 8.9～图 8.11)。

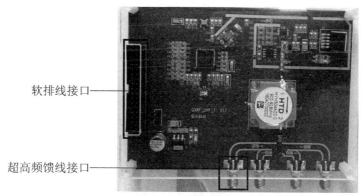

图 8.9　超高频板

图 8.10　中高频板

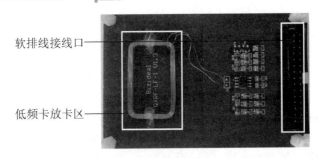

图 8.11 低频板

J-Link 仿真器(见图 8.12)与主控板连接,进行数据烧写。J-Link 连接线(见图 8.13)用于连接 J-Link 仿真器与计算机。

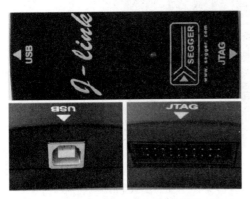

图 8.12 J-Link 仿真器

图 8.13 J-Link 连接线

超高频 RFID 天线(见图 8.14)作为超高频卡的载体,与超高频板连接,进行数据的读写。

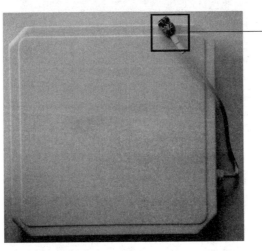

图 8.14 超高频 RFID 天线

其他实验中用到的器材如图 8.15~图 8.22 所示。

第 8 章 物联网商业应用专业实验 2：RFID 应用实验

图 8.15　低频钥匙扣卡

图 8.16　S50 高频卡

图 8.17　高频电子标签

图 8.18　超高频卡

图 8.19　超高频电子标签

（a）15 针软排线

（b）10 针软排线

图 8.20　软排线

图 8.21　电源适配器

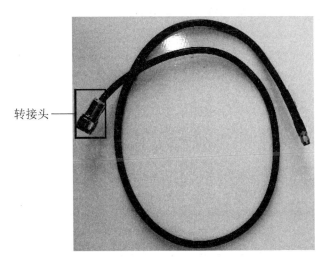

图 8.22　RFID 超高频馈线

3. 实验步骤

1) 环境安装与配置

安装 J-Link V8 仿真器及 ARM OB 4 合 1 调试器驱动，具体操作见 RFID 操作手册。设置 CPU 型号的操作方法是：打开 J-Flash 软件，选择"Options"→"Project settings"命令，在弹出的对话框中选择"CPU"选项卡，在其中选择 CPU 型号，如图 8.23 所示。

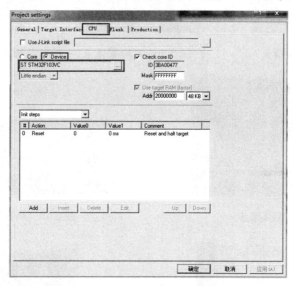

图 8.23　设置 CPU 型号

2) 低频卡读写

(1) 连接下位机。用 10 针软排线连接主控板与 J-Link 仿真器，用电源适配器连接主控板与电源，用 J-Link 连接线连接 J-Link 仿真器与计算机。

(2) 烧写。在 J-Flash 软件中打开低频.hex 文件，如图 8.24 所示。

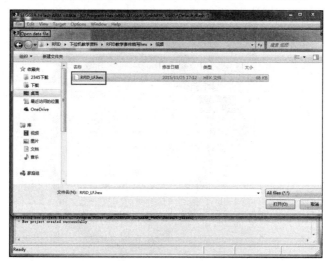

图 8.24　打开低频.hex 文件

选择"Target"→"Connect"命令，若显示"Connected successfully"则表示连接成功，如图8.25所示。选择"Target"→"Program"单击确定命令，在弹出的对话框中单击"确定"按钮，开始烧写；若显示错误，则检查模块连接是否出错、主控板是否打开等。

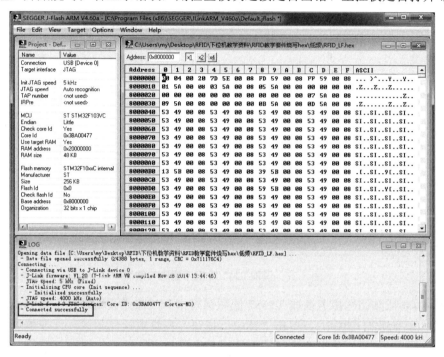

图 8.25　J-Link 仿真器连接成功

（3）读写。断开 J-Link 仿真器与主控板的连接，用 15 针软排线连接低频板与主控板，用 USB 接口线连接主控板与计算机。

双击"BizIdeal RFID Kit Demo.exe"文件，打开上位机控制软件，如图 8.26 所示。

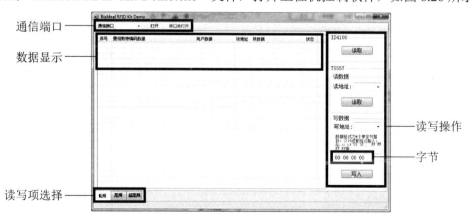

图 8.26　上位机控制软件

打开可用端口，查看计算机可用端口的方法见第 7.2.2 节。选择"低频"选项卡，将 ID4100 低频钥匙扣卡放在低频板放卡区，在上位机控制软件中单击"读取"按钮，会听到

"嘀"的一声，表示数据读取成功，如图8.27所示。

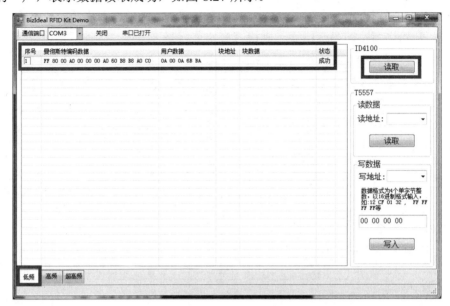

图8.27　读取ID4100低频钥匙扣数据

将ID4100低频钥匙扣卡换成T5557低频钥匙扣卡，在"读地址"下拉列表框中选择数据"01"(其他数据也可以)，单击"读取"按钮，观察数据显示区，读取数据成功，可以看到块数据后两位为"FF"，这里读取数据是为了与写地址后作对比，检测是否写入成功；在"写地址"下拉列表框中选择数据"01"，把块数据后两位改为"EE"，单击"写入"按钮，观察数据显示区，写入数据成功，再次单击"读取"按钮，观察数据显示区，数据更改成功，如图8.28所示。

图8.28　读写T5557低频钥匙扣地址

注意：写入新的地址之后，重新读取地址时，"读地址"下拉列表框中选择的数据要和写地址时"写地址"下拉列表框中选择的数据一致。

3) 高频卡读写

(1) 烧写。具体操作步骤与低频卡烧写类似。注意，选择文件时要选择高频.hex 文件。

(2) 控制软件读写。断开 J-Link 仿真器与主控板的连接，用 15 针软排线连接高频板与主控板，用 USB 接口线连接主控板与计算机。打开上位机控制软件，选择"高频"，将 S50 高频卡或高频电子标签放在高频板放卡区。分别单击"读标签"按钮、"读块数据"按钮、"写块数据"按钮，数据显示如图 8.29、图 8.30 所示。写块数据操作方法和低频卡写地址操作方法相同。

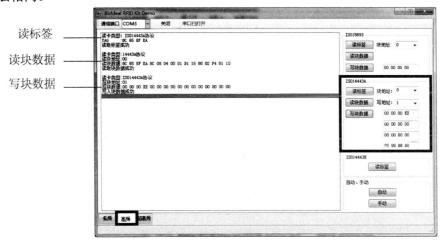

图 8.29　读写 S50 高频卡数据

图 8.30　读写高频电子标签数据

4) 超高频卡读写

(1) 烧写。具体操作步骤与低频卡烧写类似。注意，选择文件时要选择超高频 bin 文件。

(2) 读写。断开 J-Link 仿真器与主控板的连接,用 15 针软排线连接超高频板与主控板,用 USB 接口线连接主控板与计算机,用 RFID 超高频馈线连接超高频板与超高频 RFID 天线。打开上位机控制软件,选择"超高频"选项卡。单击"设置"按钮,保持默认设置,将超高频卡或超高频电子标签放在天线上,单击"开始工作"按钮,可以听到"嘀嘀"声,数据显示"次数"不断增加,单击"停止工作"按钮,停止读取,如图 8.31 所示。

图 8.31　读取超高频卡标签数据

在"写入"文本框中输入新的地址,单击"写入"按钮,再单击"读取"按钮,即可读取新写入的地址,如图 8.32 所示。

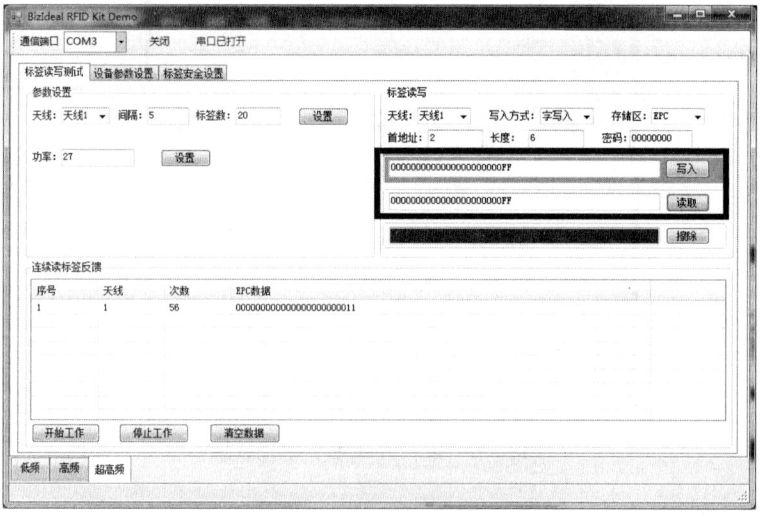

图 8.32　读写超高频卡地址

8.4 RFID 应用场景——门禁系统

8.4.1 门禁系统简介

门禁系统(见图 8.33)又称出入管理控制系统、通道管理系统，是一种管理人员进出的数字化智能管理系统。简单点说就是通过刷卡、密码或者指纹等生物特征识别的方式开门，而非像过去通过机械钥匙的方式开门。

门禁彩图

门禁系统可简单分为以下三类。

1. 密码型门禁系统

密码型门禁系统(见图 8.34)可以说是门禁系统中最常见、最简单的，也是应用时间最久的门禁控制系统。它主要依据的是保险柜的安全控制模式，采用输入密码的方式对来者的身份进行判断。在来者输入密码之后，系统将输入的信息与数据库进行识别和匹配，如果密码正确的话则驱动电子锁，开门放行。

图 8.33　高校图书馆 RFID 门禁系统　　　　图 8.34　密码型门禁系统

对于这类门禁系统来说，它的优势在于成本低，而且使用方便。用户只需要记住密码即可完成与门禁的"互动"，而无须搭配其他额外的部件。不过，这类门禁的安全性和效率也是最低的。旁人可以通过观察或者其他简单的渠道获取大门的控制密码。因此，密码型门禁主要应用在一些人员使用不是很频繁，或者对于安全性需求不是很高的场所。

2. 刷卡式门禁系统

刷卡式门禁系统(见图 8.35)，可以说是大家最熟悉的。刷卡式门禁系统可分为两类，即感应式门禁和接触式门禁。不过，由于接触式门禁的门禁卡易磨损，而且十分脆弱，因此应用领域也在逐渐缩水。只有一些银行的 ATM 机，或者是一些简单的内部门禁控制环节还在使用。

3. 生物特征识别门禁系统

根据识别人体不同的部位，生物特征识别门禁

图 8.35　刷卡式门禁系统

系统可分为指纹识别门禁系统(见图 8.36)，手掌识别门禁系统、视网膜识别门禁系统以及人脸识别门禁系统(见图 8.37)等。

图 8.36　指纹识别门禁系统

图 8.37　人脸识别门禁系统

这类门禁系统的优点是重复率低，工作效率及安全性等方面都较为出色。

4. 门禁卡

门禁卡相当于门禁系统中的"钥匙"，如图 8.38、图 8.39 所示。门禁卡在发放给用户使用前，先由系统管理员进行设置，确定其使用区域及用户权限。用户使用门禁卡刷卡可进入管理区域，无门禁卡或权限未开通用户不能进入管理区域。

图 8.38　门禁卡

图 8.39　门禁钥匙扣

门禁卡中有一个 RFID 芯片,当用含有 RFID 芯片的门禁卡靠近读写器时,读写器所发射出来的电磁波就会读取 RFID 芯片中的信息,不但可以读出,而且还可以写入、修改,因此这种门禁卡不但可作为钥匙使用,它还是一个电子身份证。只要在 RFID 芯片中写入使用者的个人数据,在通过有读卡器的地方就可以知道进出的是谁了。同样的技术也可用于商场上的防盗窃芯片等。

8.4.2 门禁系统应用场景

1. 银行主动防御门禁系统

银行主动防御门禁系统具有以下功能。

(1) 实时电子地图。系统自带电子地图功能,可实时查看前端门禁设备状态以及当前人员动态。系统可根据人员的验证开门信息,实时掌握人员动向。

(2) 多种模式识别。系统支持二代身份证、MF 卡,或者卡+密码、指纹识别和人脸识别等多种验证方式,满足用户的不同需求。

(3) 双门互锁功能。系统支持 AB 门门禁模式,当任一门受控需开启时,绝对禁止另一扇门处于开启状态,具有自动防尾随跟入功能。对特殊场所,还可以实现 3 道门以上的多门互锁。

(4) 多人开门功能。系统支持多人开门功能,如银行金库的门要求 2 个或 2 个以上员工到现场,依次验证通过才能把门打开,单独个人无法验证开门。

(5) 视频联动抓拍、录像。对进门和出门的所有人员,与硬盘录像机联动,实现在刷卡、按出门按钮等门禁事件发生的同时,进行视频图像的抓拍、录像,并能自动切换现场实时图像,以供管理员查看,同时本地电脑存储图像信息达 30 天以上,供事后查证。

(6) 本地或远程联动报警。对非法开门、撬门、门超时等情况实现本地提示和远程报警,同时报警过程与关联摄像机进行视频联动,实现图像抓拍与事件前后各 10 秒以上的录像,所有报警信息均被存储,供事后查证。

(7) 支持胁迫报警功能。当发生歹徒胁迫员工开门的事件,可输入胁迫码开门,系统将产生胁迫报警,也称暗报警,暗报警直接接到管理中心或公安部门,相关部门能迅速组织人员进行处理。

(8) 语音提示功能。系统设备自带语音功能,对当前门状态、锁状态以及当前操作的功能进行语音提示,如"请关上内门""内门无法上锁""双开功能已启动""双锁闭功能已启动"。

(9) 出入信息记录功能。所有通过门禁的人员、事件,系统都有详细的进出记录,一旦发生安全问题,可在第一时间确认相关的出入信息,如图 8.40 所示。

2. 医院 IP 门禁系统

电子门禁技术的发展潜力无限。随着人们对安保的要求日渐提高,如门禁权限控制和实时监控,市场需要超越机械产品限制的全新解决方案。目前,非接触式的智能卡技术应用于医院门禁、计算机、IT 登录系统及配药系统,能帮助医院更好地管理人员安全出入、建立患者信息档案、保护患者隐私、提高医院的管理效率,并预防用药医疗事故等。

物联网的商业应用

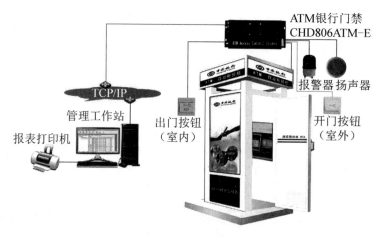

图 8.40 门禁系统

IP 门禁系统(见图 8.41)除了保障医院工作场所的安全,而且能在整个 IT 基础设施内的关键系统和应用中进行强大身份验证。医生通过配备的门禁卡登录计算机及网络系统,能够以安全的方式存储和管理患者资料,防止敏感患者的个人信息泄露。医生只需要一张智能卡就能登录网络系统,避免了因回想及输入用户名和密码而浪费时间,并能快速通过网络查阅患者资料。

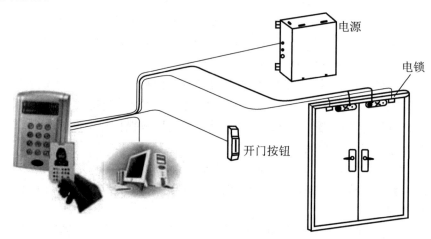

图 8.41 IP 门禁系统

在医院已经部署的 IP 门禁系统上,增加计算机桌面网络登录,并在企业网络、系统和设施间建立一个完全可互操作的、多层的安全解决方案,降低部署和运营费用,能让医院实行监管要求,执行一致的政策,在企业内实现一致的审计记录,同时通过合并任务来削减费用。同时通过整合考勤系统、停车场管理系统、办公自动化系统、消费系统,实现一卡多用。

IP 门禁系统通过医院现有的 TCP/IP 网络连接至中央管理站,实现对各个门禁点进行权限设置、数据浏览、查询和备份等。通过为医生所用计算机配备的桌面读卡器,门禁系统能实时记录诊断记录并上传至服务器,直接生成患者的电子病历,这将有助于在不同医疗机构间建立医疗信息整合平台，将医院之间的业务流程进行整合，使医疗信息和资源可以共享和交换，跨医疗机构也可以进行在线预约和双向转诊。

通过将居民社保卡、临时就医卡融入医院门禁信息管理平台，能优化医院的就诊流程，提升医院的工作效率。患者在门诊台挂号或预约时，相关分诊台及医生能简便及时地获取相关信息，到达患者就诊时间时，患者才能进入预约与挂号时的科室就诊。

当智慧元素融入整个行业，医疗信息系统必将以前所未有的速度开始进化，并对医疗卫生行业产生重大影响。IP门禁系统通过融合医院信息系统与通信系统融合，为医院提供了呼叫中心、安全应用、移动诊室等多种功能，实现了医院、医生、患者三方的有效互动沟通。

8.4.3 门禁系统选型

1. 门禁系统的选择原则

第一是稳定性和可靠性。由于门禁系统利用率很高，一旦故障将直接影响人们的生活和工作。因此，要求门禁系统必须稳定可靠，随时处于正常工作状态。第二是要求系统管理具有良好的灵活性和人性化，以利于提高门禁系统的智能化程度。第三是要求门禁系统有良好的性能价格比，实现投资更少的资金建设功能更完善、性能更稳定的系统。

2. 门禁系统程序选择

门禁作为一个系统产品，是近几年发展起来的新生事物。这里说的程序选择是指配套在门禁系统产品中的程序，不是作为一个独立的软件进行选择。早期开发的门禁产品，开发商为了技术保密，不致被其他商家窃取，采取了封锁的措施。随着网络技术的发展，门禁产品越来越多，已不存在技术保密问题。如果产品的软件不是一个开放的平台，系统原有的功能不能修改，甚至是初始化之后用户和工程商都不能改变，只有高等级的产品供应商才能改变，并且要支付高额的服务费，这样的产品是不应该被选用的。无论是作为用户，还是工程商，应该选择一种能够进行功能修改的系统，这样的系统才有更长的生命力。

另外，还要考虑能否向上层集成的问题。如果整体规划是三级系统集成，就必须要求门禁系统具有向上层联网的通信接口条件，或者说应具备开放的程序接口，能够进行二次开发。集成商通过修改程序向上层网络集成，实现集中管理控制以及与其他系统相互通信产生联动功能的目的。如果是一个封闭的程序，那么这个系统就只能是一个独立的网络门禁，而不能用来组成大系统集成的门禁子系统。

8.5 RFID 读写器和 LCD 显示器实验

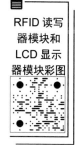

1. 实验目的

(1) 认识 RFID 读写器模块和 LCD 显示器模块。
(2) 掌握 RFID 读写器模块和 LCD 显示器的通信实验操作。
(3) 观察实验现象，了解门禁卡的工作原理。

2. 模块介绍

本实验模块由 RFID 读写器模块和 LCD 显示器模块组成，如图 8.42、图 8.43 所示。

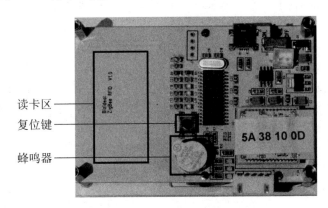

图 8.42　RFID 读写器模块

图 8.43　LCD 显示器模块

3. 实验步骤

(1) 烧写代码(具体操作方法见第 7.1.4 节)。

(2) 打开配置工具"无线传感网教学套件箱配置工具 1.4.4.exe"，即上位机控制软件。

(3) 将 USB 接口线与 LCD 显示器连接，打开 LCD 显示器，查找、选择并打开可用端口(查看计算机可用端口的方法见第 7.2.2 节)。

(4) 单击"读地址"，可读取 LCD 显示器的地址，记下此时数据，如图 8.44 所示。

(5) 单击"关闭选中端口"按钮，将 USB 接口线与 RFID 读写器连接，打开 RFID 读写器，单击"打开选中端口"按钮。

(6) 对 RFID 读写器进行读阈值、读地址的操作。在读地址时要注意查看其地址是否与 LCD 显示器的地址相同，如果不同，要重新配置 RFID 读写器的地址，以保证网络地址相同，正常通信。具体操作方法见第 8.3 节。

第 8 章 物联网商业应用专业实验 2：RFID 应用实验

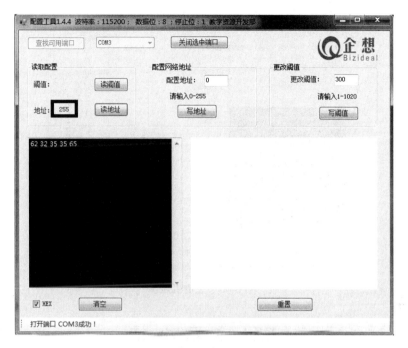

图 8.44 读取 LCD 显示器地址

(7) 将门禁卡在 RFID 读写器的读卡区域刷卡，观察实验现象。

刷卡时 RFID 读写器的蜂鸣器发出"嘀"的一声，如果门禁卡一直放在读卡区域，蜂鸣器会一直发出"嘀"声。在 LCD 显示器的显示屏上可以看到 串数字，这一串数字代表门禁卡的 UID(User Identification，用户身份证明)，如图 8.45 所示。

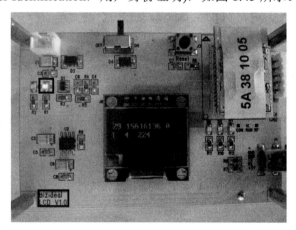

图 8.45 LCD 显示屏中的显示

此时上位机显示的门禁卡 UID 如图 8.46 所示。

物联网的商业应用

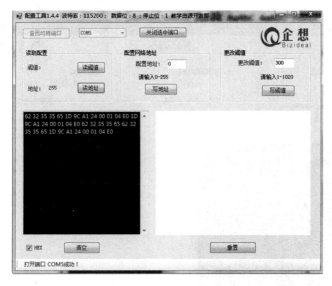

图 8.46　上位机显示

8.6　本 章 小 结

本章主要介绍了 RFID 基础实验、应用 RFID 的门禁系统及相关实验。

习　　题

1. 在第 8.3 节的实验中，在 T5557 低频钥匙扣卡的读写操作中，"读地址""写地址"文本框中的数据不一样时，数据显示的结果会有什么不同？试改变 4 个字节中的任意字节，进行数据读写操作，观察数据的显示；改变"读地址""写地址"文本框中的数据，进行数据读写操作，观察数据的显示。

2. 改变超高频卡与天线的距离，观察超高频卡的灵敏度。

3. 改变 LCD 显示器模块或 RFID 读卡器模块的地址，观察门禁卡能否正常使用。

4. 与你的小伙伴交换门禁卡，试试看能不能达到正常的实验效果。

5. RFID 的性能特点有哪些？

第 8 章习题答案

第 9 章
物联网商业应用专业实验 3：
上位机检测系统实验

本章的教学目的是使学生了解上位机检测系统的功能与应用，掌握上位机检测系统实验的相关技能。

上位机检测系统——物联网的信息载体

物联网上位机检测系统是以无线网络通信技术为基础，把众多控制设备联系在一起，以界面形式实现数据采集、监控管理、远程控制和智能化功能的系统。例如，电力线路漏电监测与远程控制系统。该系统的主体为 SIM300 核心板以及 GPRS 通信模块。系统框架主要由服务器和客户端两大部分组成。其中，客户端主要负责电流数据的采集与发送、时钟校时及开关控制等任务；服务器负责将收到的数据进行数据挖掘及分析，如果各支路监测点电能总和与其父节点的干路电能比较后超过阈值，说明该电路有漏电区域，则根据相应情况向客户端发送相应指令。相应的控制电路便将该段线路电力切断，以达到对意外事故做出及时反应的效果。通过这种对线路的实时监控，尽可能地减少人身伤害及财产损失。

9.1 上位机检测系统简介

上位机是智能家居系统的一个重要组成部分，担负着管理、控制、维护和用户界面操作的重任，高效可靠的上位机设计是整个系统正常运作的重要保障。上位机与系统的通信实际上是上位机与下端单片机的通信。单片机或单片机系统是智能家居控制的核心，当计算机作为单片机系统的一个角色时,通常被称为工控机或上位机,各独立的单片机是系统中实现功能的一个模块,所以有时也称单片机为模块。

9.1.1 上位机检测系统的功能

上位机检测系统包括三大主要功能。

1. 模拟设备的基础控制

使用该功能可以控制指定指示灯的开与关,可以控制步进电动机、直流电动机按照设定的条件运行,可以控制蜂鸣器的鸣叫与停止。

2. 监测传感器数据

使用该功能可以按照一定的采样周期获得各传感器的数据并绘制曲线图,达到实时环境监测的效果,监测数据可以作为模拟设备的联动条件。

3. 联动控制

所谓的联动,就是指当传感器监测到的数据满足系统中的预设条件,从而引起的一系列相关模拟设备的运转。例如,在上位机检测系统中选择了烟雾联动控制,当检测到的烟雾浓度大于阈值时,将引起节点板上的蜂鸣器鸣叫。上位机检测系统中的联动条件可以灵活设置,参与的联动设备也可以自由选择。

9.1.2 计算机在单片机系统中的作用

1. 通信测试工具

传统的单片机系统的通信测试通过示波器来监测,既不直观又容易丢失信息。而将计算机加入系统中,可以实时监测线路中的信息,并以数字化呈现,使各个单片机间的通信得到检验,及时解决系统中存在的问题。

2. 系统维护

一个单片机系统往往需要对系统中各个不同功能的模块(单片机)进行参数的设置,以适应不同的运行环境,虽然可以通过各模块的控制面板来调整,但操作通常比较麻烦,非专业人员不易掌握。同时对于一些需要定义其地理位置的参数难以实现,不够直观。而将计算机加入系统中,不但可以解决操作上的问题,同时还可以读取各模块的参数,更便于调整。

3. 作为单片机使用

计算机可以作为单片机系统的一个模块,完成相应的功能。计算机可以应答系统的请求、处理系统中的信息,一方面将信息呈现给用户,另一方面计算机程序通过自动计算或用户的输入,将信息反馈到系统中,参与系统的控制。

4. 作为主控机使用

在单片机系统中,往往存在一个主控机或主控模块,负责对整个系统的统筹和设置。单片机系统通常是通过各功能模块的输入和响应来实现其功能的,因此必须有一个负责收集输入任务并指定响应模块的主控机或主控模块。计算机既可以是一个普通的模块,又可以是负责总体协调的主控机。

9.1.3 智能家居上位机检测系统的硬件设计

智能家居上位机检测系统包括:以计算机为核心的家庭主监控中心及分散于各监控点的、以单片机为从控制中心的智能家电和监控设备前端系统,以智能手机作为远程控制器,利用互联网作为桥梁实现远程异地控制。

系统功能实现是作为监控中心的计算机通过单片机监控软件实时循环采集各项数据,当发现异常情况时,系统通过短信或图像等报警方式发送给用户,并根据预先设置的应急程序进行处理,如烟雾、燃气检测异常等。用户也可通过手机或计算机利用互联网访问控制器站点对智能家电进行远程设置,如空调、电热水器的开启或关闭及其温度设置等。

智能家居上位机检测系统的硬件系统包括以智能手机为主的远程控制部分和以家用计算机为主的家庭控制中心两部分。

1. 远程控制终端

WAP(Wireless Application Protocol,无线应用协议)是在智能手机、互联网、平板电脑、计算机之间进行通信的开放式全球标准,通过 WAP 可将互联网的大量信息及多种业务接入到智能手机、平板电脑等无线终端中。这使得使用手机访问计算机成为现实,只需对其安装相应的软件,并对计算机作相应的访问设置即可。用户通过注册的用户名和密码登录作为智能家居控制中心的计算机,获得管理的终端编号(可有多个设备),然后选择一个所需的控制终端,实现用户进程与所属智能家居数字终端硬件网卡的绑定。从而利用智能手机通过互联网实现对智能家居终端的远程控制。

2. 家庭终端设备

一般智能家居的安防设备主要有烟雾火警、燃气检测、监控摄像、紧急呼叫装置以及被监控设备的断/合装置等,以计算机为主监控器,通过单片机将其他各监控模块连接起来,实现远程控制。

3. 上位机管理程序

智能家居的监控是通过控制智能家居数字终端实现的。用户利用互联网登录作为智能家居控制中心的计算机,然后计算机将用户的指令传至指定的家庭终端。因此控制中心计算机相当于一台服务器,其主要作用是配置各终端的 IP 地址、子网掩码、默认网关及 DNS 域名。上位机管理程序可采用 Visual Basic 等语言编写,其主要由主控、设置、循环监控、报警与通信等几大模块组成。

9.2 上位机检测系统实验

1. 实验目的

(1) 了解 Bizideal 无线传感网络 App 的使用方法。
(2) 了解无线传感网综合实验工具 1.0 版本的使用方法。
(3) 掌握智能家居各节点与控制端的无线通信原理。
(4) 了解无线通信和有线通信的区别。

2. 实验工具

(1) 硬件：无线传感网套件箱 1 套；计算机 1 台。
(2) 软件：企想无线传感网络 App；无线传感网综合实验工具 1.0。

3. 实验步骤

1) 手机 App 操作

(1) 将电源适配器插入协调器电源插孔供电，如图 9.1 所示。

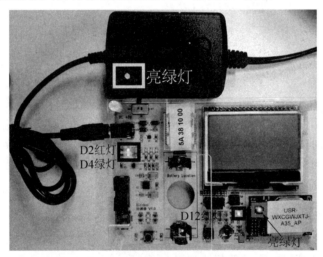

图 9.1　协调器通电

电源适配器亮绿灯表示正常通电。协调器上的 D2、D12 指示灯亮红灯，D4 指示灯亮绿灯，WiFi 模块上亮绿灯，表示协调器可正常工作。

(2) 打开无线传感网套件箱内的平板电脑，搜索 WLAN 网络，找到协调器 WiFi 模块发射出来的信号，进行连接，如图 9.2 所示。

注意，WLAN 域名与 WiFi 模块上面贴的 WiFi 名称是一致的，如图 9.2、图 9.3 所示。

第 9 章　物联网商业应用专业实验 3：上位机检测系统实验

图 9.2　连接无线网络

图 9.3　模块上的 WiFi 名称

连接后，协调器的 D13 指示灯亮红灯，表示组网成功，如图 9.4 所示。

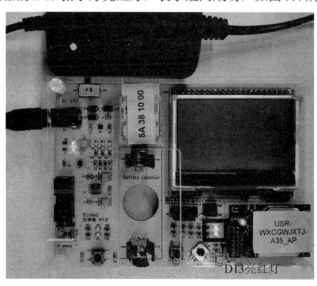

图 9.4　协调器组网成功

(3) 打开平板电脑上的企想无线传感网络 App，如图 9.5、图 9.6 所示。

图 9.5　企想无线传感网络 App 图标

图 9.6　企想无线传感网络 App 界面

图 9.7　平板电脑背面贴的 IP 地址

(4) 进入企想无线传感网络 App 界面后，输入 IP 地址。IP 地址贴在平板电脑的背面，如图 9.7、图 9.8 所示。

(5) 给各个传感器模块通电，并打开各个传感器模块的开关，就可以采集到各种环境数据，并且在 App 界面上显示，如图 9.9 所示。

图 9.8　设置 IP 地址　　　　　　　图 9.9　App 界面显示的环境数据

其中，温度环境数据和湿度环境数据是在一个温湿度传感器模块上得到的。

2) 计算机配置工具操作

(1) 用串口线连接协调器与计算机。与 WiFi 通信不同的是，协调器与计算机连接之后协调器上的 D13 指示灯不亮，如图 9.10 所示。

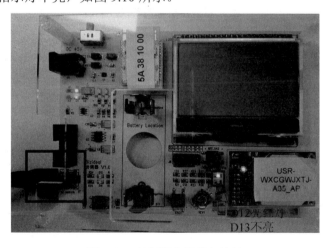

图 9.10　协调器与计算机连接

(2) 在计算机上打开无线传感网配置工具"无线传感网综合实验工具 1.1"，即上位机控制软件，单击"查找端口"按钮，选择"COM3"端口，单击"打开"按钮，如图 9.11 所示。

物联网的商业应用

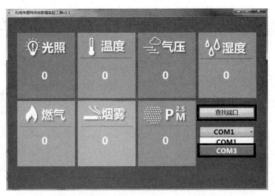

图 9.11　上位机端口设置

（3）将各个传感器模块接入电源通电，并打开开关，等待几秒之后，周围环境的相应数据就会被上传到上位机控制软件中，如图 9.12 所示。

图 9.12　上位机控制软件界面

本章主要内容为上位机检测系统的简介，包括上位机检测系统的功能、计算机在单片机系统中的作用、智能家居上位机检测系统的硬件设计，以及上位机检测系统实验。

9.3　本 章 小 结

本章主要内容为上位机检测系统的简介，包括上位机检测系统的功能、计算机在单片机系统中的作用、智能家居上位机检测系统的硬件设计，以及上位机检测系统实验。

习　　题

1. 改变周围环境的某一个或几个因素，观察实验 9.2 中数据的变化，总结数据是怎样随着环境的变化而变化的。

2. 请查资料分析，除了温度、湿度、气压、光照等实验当中用到的环境因素，你觉得还可以增加哪些环境监测因素？

第 10 章
物联网商业应用专业实验 4：智能家居控制系统综合实验

本章的教学目的是使学生了解智能家居的功能与特点，了解智能家居控制系统的设计思路，掌握智能家居控制系统综合实验的相关技能。

智能家居——使人们的生活更舒适

物联网使得物与物之间能够"对话"，实现让用户尽享舒适的智能家居生活。例如，智能新风系统。该系统通过自主送风和引风，使室内空气实现对流，把室内污浊的空气排出到室外，同时把室外新鲜的空气经过杀菌、消毒等后再输送到室内，使得室内空气时刻保持新鲜。系统核心构件包括智能控制主板，并集成了温湿度、PM2.5、甲醛等传感器，以及 WiFi 模块。系统能够自动获取环境数据，并与手机 App 的指令进行通信，如查看室内外的空气温湿度、空气质量等。

什么是智能家居

10.1 智能家居简介

智能家居是利用先进的计算机技术、网络通信技术、综合布线技术等，将与家居生活有关的各种设备有机地结合在一起，为用户提供舒适、安全、便利、环保的居住环境，并能提供全方位的信息交互功能，优化人们的生活方式。

10.1.1 智能家居的功能与特点

1. 智能家居的功能

(1) 智能灯光功能。使用智能控制方式实现对全宅灯光的遥控开关、调光,如全开全关及实现"会客""影院"等多种一键式灯光场景效果,相当于把家中的所有灯具开关装进口袋,如图 10.1 所示。

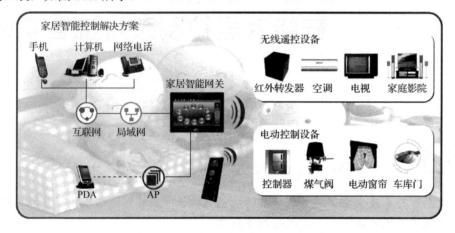

图 10.1　智能家居控制系统

(2) 安防报警功能。布防状态下,家中一旦出现非法入侵或者煤气泄漏等异常状况,系统会立即响应;无论身在何处,随时可以通过智能手机连接安装在家中的网络摄像头,查看住宅关键位置的情况;当孩子平安到家,开门的同时,系统会发送短信到家长的手机上,如图 10.2 所示。

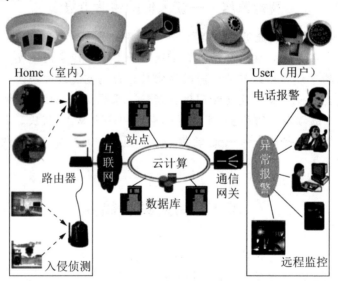

图 10.2　安防报警系统

(3) 智能门禁功能。当门口机呼叫时，智能终端和数字分机同时显示发起呼叫的门口视频情况；任一数字分机接听后，可实现可视对讲功能；不同数字分机均可以主动监控任一门口机的视频图像；智能终端以及各个数字分机之间可以相互呼叫，实现非可视对讲功能；通过客户端软件，手机、平板电脑可以作为对讲终端使用，实现移动对讲功能，如图 10.3 所示。

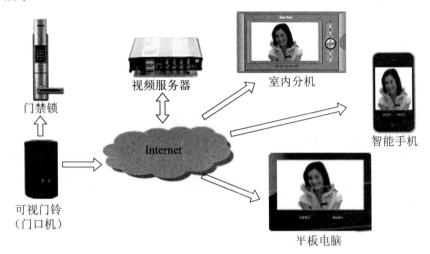

图 10.3 智能门禁系统

2. 智能家居的特点

(1) 智能控制，实用便利。智能家居控制的所有设备都可以通过手机、平板电脑、触摸屏等人机接口进行操作，轻松实现对家用电器的定时控制、无线遥控、集中控制、电话远程控制、场景控制等多种智能控制，非常方便。

(2) 安装简单，维护方便。智能家居分为总线式布线、无线通信和混合式三种安装方式。其中无线通信智能家居的安装、调试、维护最为简单。无线智能家居系统的所有配套产品都采用无线通信模式，安装、添加设备时，不需要布实体线，即不影响现有设备。即便房屋已装修，也可轻松升级为智能家居，不必破坏墙壁，只要在一些插座等处安装相应的模块，系统就可与家中现有的电气设备，如灯具、电话、家电等进行连接，实现智能控制。

(3) 运行安全，管理可靠。智能家居的配套产品可以采用弱电技术，使产品处于低电压、低电流的工作状态，即使各智能化的子系统 24 小时运转，同时也保障了产品的寿命和安全性。智能家居系统采用通信应答、定时自检、环境监控、程序备份等相结合的方式，保障系统的可靠性。

10.1.2 智能家居控制系统

智能家居控制系统(Smart home Control Systems，SCS)是以家用电器及家电设备为主要控制对象，利用综合布线技术、网络通信技术、安全防护技术、自动控制技术、音视频技术等将与家居生活有关的设施进行高效集成，通过网络进行智能控制和管理的系统平台。智能家居控制系统是智能家居的核心，是智能家居控制功能实现的基础，如图 10.4 所示。

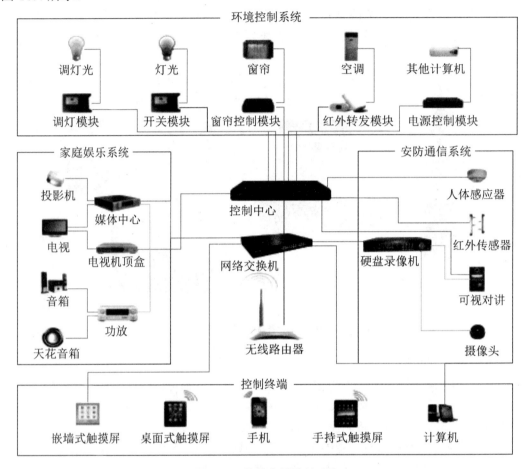

图 10.4　智能家居控制系统

想要实现整个家居的智能化，需要设计的系统范围非常大，包括智能门锁、安防、可视对讲、灯光控制、电动窗帘、背景音乐控制、环境监测(温湿度、燃气感应)、视频监控、集中控制和远程控制等。并且以上所有系统都不是独立的，而是和其他系统相互联系，融合为一个统一的整体，并相互响应，做到真正意义上的智能。

智能家居控制系统的设计原则是：用户操作方便，功能实用，外观美观大方。系统要有吸引用户的外观和功能，能体现用户的生活品位，同时要化繁为简、高度人性、注重健康、保护隐私。如图 10.5 所示是一个比较符合智能家居控制系统设计原则的简易方案。

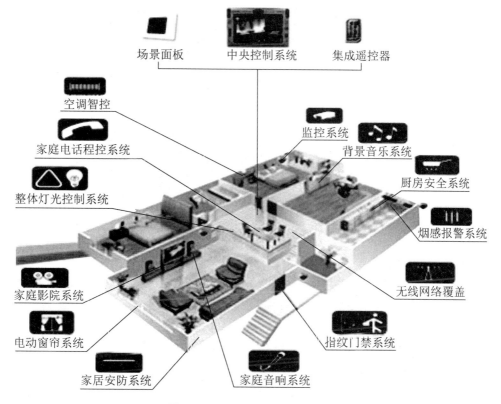

图 10.5 智能家居控制系统方案

10.2 智能家居控制系统综合实验

1. 实验目的

(1) 认识配置工具、协调器。
(2) 掌握节点板配置方法。
(3) 学会使用上位机控制节点板。
(4) 掌握在计算机端、手机端使用上位机控制节点板工作状态的方法。
(5) 掌握各节点板与控制端的无线通信原理。

2. 实验工具

(1) 硬件：无线传感网教学套件箱，包括各节点板、协调器(见图10.6)等。
(2) 软件：节点板配置工具(见图10.7)；IOTControl App。

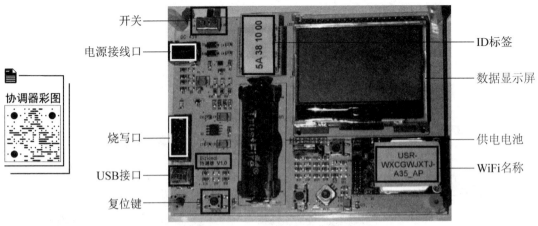

图 10.6 协调器

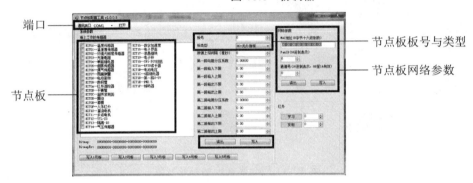

图 10.7 节点板配置工具界面

3. 实验步骤

(1) 烧写代码(具体操作方法见第 7.1.4 节)。

协调器在烧写前显示屏无数据，烧写后显示屏有数据，如图 10.8 所示。

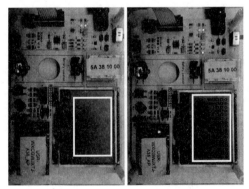

（a）烧写前　　（b）烧写后

图 10.8 协调器烧写

节点板烧写之后，协调器显示屏上的数据发生变化。例如，直流电动机的通信号为 01，可以看到协调器数据显示屏上的第二个方格变为黑色，如图10.9所示。其他节点板烧写之后协调器显示的数据随之发生相应的变化。

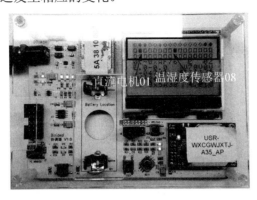

图 10.9　协调器数据显示

(2) 节点板配置。

以管理员身份打开配置工具"BizIdeal25sDemo.exe"，在弹出的"BizIdeal25 系列 Demo"对话框中单击"节点板"按钮，如图10.10所示。选择并打开可用端口(查看可用端口的方法见第7.2.2节)。

各节点板的配置方法与参数说明如下。

注意，节点板的网络参数和板号即为节点板模块上贴的标签，前两个字节是PanID，第三个字节是通道号，最后一个字节是板号，如图10.11所示。节点板上的板号为16进制，配置工具中的板号为10进制，设置的时候注意转换。

图 10.10　选择节点板

图 10.11　节点板的网络参数及板号

① 烟雾传感器。

打开可用端口，选中"BIT05—烟雾传感器"与"BIT1B—电池电压"复选框，"板号"设置为"3"，"板类型"设置为"06-烟雾"，单击"写入"按钮即可写入节点板的板号与类型，单击"读出"按钮可验证是否写入成功；在"PanID"数值框中输入"5A38"，在"通道号"数值框中输入"10"，单击"写入"按钮即可写入节点板的网络参数，单击"读出"按钮可验证是否写入成功，如图10.12所示。

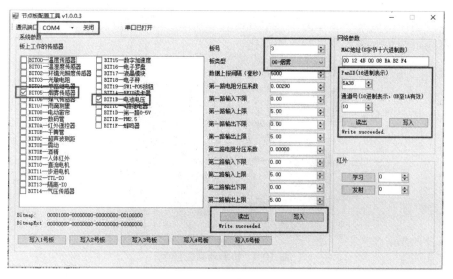

图 10.12　烟雾传感器配置

② 节点型继电器。

打开可用端口，选中"BIT04—单路继电器"与"BIT1B—电池电压"复选框，"板号"设置为"10"，"板类型"设置为"04-单路继电"，单击"写入"按钮即可写入节点板的板号与类型，单击"读出"按钮可验证是否写入成功；在"PanID"数值框中输入"5A38"，在"通道号"数值框中输入"10"，单击"写入"按钮即可写入节点板的网络参数，单击"读出"按钮可验证是否写入成功，如图 10.13 所示。

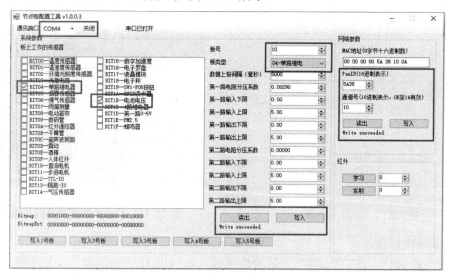

图 10.13　单路继电器配置

③ 人体红外传感器。

打开可用端口，选中"BIT0F—人体红外"与"BIT1B—电池电压"复选框，"板号"设置为"9"，"板类型"设置为"0F-人体红外"，单击"写入"按钮即可写入节点板的板号与类型,单击"读出"按钮可验证是否写入成功;在"PanID"数值框中输入"5A38",在"通道号"数值框中输入"10",单击"写入"按钮即可写入节点板的网络参数,单击"读出"按钮可验证是否写入成功,如图10.14所示。

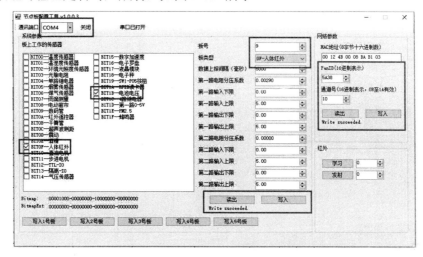

图10.14 人体红外传感器配置

④ 求助按钮。

打开可用端口,选中"BIT0B—干簧管"与"BIT1B—电池电压"复选框,"板号"设置为"4","板类型"设置为"OD-TTL-IO",单击"写入"按钮即可写入节点板的板号与类型,单击"读出"按钮可验证是否写入成功;在"PanID"数值框中输入"5A38",在"通道号"数值框中输入"10",单击"写入"按钮即可写入节点板的网络参数,单击"读出"按钮可验证是否写入成功,如图10.15所示。

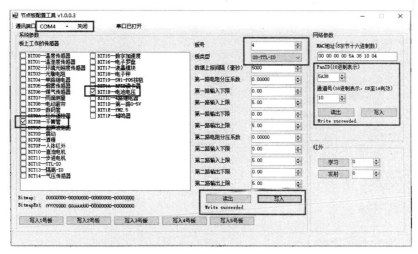

图10.15 求助按钮配置

⑤ 直流电动机。

打开可用端口,选中"BIT10—直流电机"与"BIT1B—电池电压"复选框,"板号"

设置为"1","板类型"设置为"16-直流电机",单击"写入"按钮即可写入节点板的板号与类型,单击"读出"按钮可验证是否写入成功;在"PanID"数值框中输入"5A38",在"通道号"数值框中输入"10",单击"写入"按钮即可写入节点板的网络参数,单击"读出"按钮可验证是否写入成功,如图10.16所示。

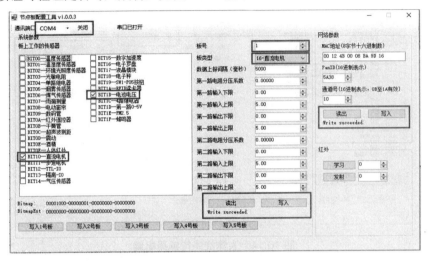

图10.16 直流电动机配置

⑥ 温湿度传感器。

打开可用端口,选中"BIT01—温湿度传感器"与"BIT1B—电池电压"复选框,"板号"设置为"8","板类型"设置为"00-无外接板",单击"写入"按钮即可写入节点板的板号与类型,单击"读出"按钮可验证是否写入成功;在"PanID"数值框中输入"5A38",在"通道号"数值框中输入"10",单击"写入"按钮即可写入节点板的网络参数,单击"读出"按钮可验证是否写入成功,如图10.17所示。

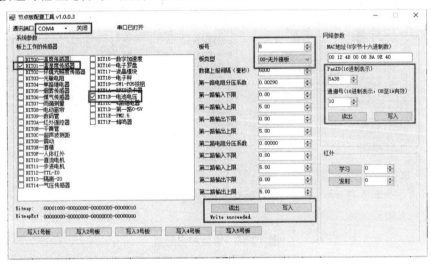

图10.17 温湿度传感器配置

⑦ 燃气传感器。

打开可用端口，选中"BIT06—煤气传感器"与"BIT1B—电池电压"复选框，"板号"设置为"2"，"板类型"设置为"07-燃气"，单击"写入"按钮即可写入节点板的板号与类型，单击"读出"按钮可验证是否写入成功；在"PanID"数值框中输入"5A38"，在"通道号"数值框中输入"10"，单击"写入"按钮即可写入节点板的网络参数，单击"读出"按钮可验证是否写入成功，如图10.18所示。

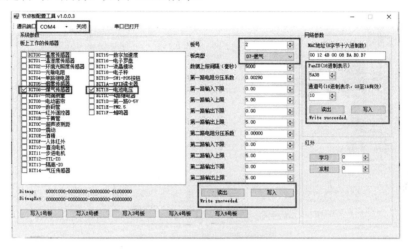

图 10.18　燃气传感器配置

⑧ 光照度传感器。

打开可用端口，选中"BIT02—环境光照度传感器"与"BIT1B—电池电压"复选框，"板号"设置为"7"，"板类型"设置为"00-无外接板"，单击"写入"按钮即可写入节点板的板号与类型，单击"读出"按钮可验证是否写入成功；在"PanID"数值框中输入"5A38"，在"通道号"数值框中输入"10"，单击"写入"按钮即可写入节点板的网络参数，单击"读出"按钮可验证是否写入成功，如图10.19所示。

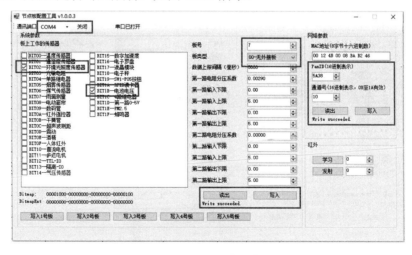

图 10.19　光照度传感器配置

⑨ 步进电动机。

打开可用端口，选中"BIT11—步进电机"与"BIT1B—电池电压"复选框，"板号"设置为"6"，"板类型"设置为"17-步进电机"，单击"写入"按钮即可写入节点板的板号与类型，单击"读出"按钮可验证是否写入成功；在"PanID"数值框中输入"5A38"，在"通道号"数值框中输入"10"，单击"写入"按钮即可写入节点板的网络参数，单击"读出"按钮可验证是否写入成功，如图10.20所示。

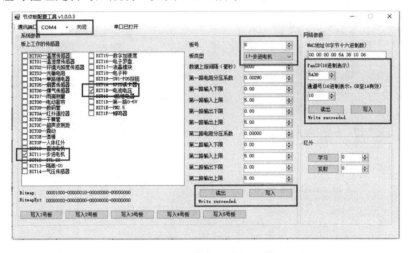

图 10.20　步进电动机配置

⑩ RFID 读卡器。

打开可用端口，选中"BIT1A—RFID读卡器"与"BIT1B—电池电压"复选框，"板号"设置为"13"，"板类型"设置为"1A-RFID"，单击"写入"按钮即可写入节点板的板号与类型，单击"读出"按钮可验证是否写入成功；在"PanID"数值框中输入"5A38"，在"通道号"数值框中输入"10"，单击"写入"按钮即可写入节点板的网络参数，单击"读出"按钮可验证是否写入成功，如图10.21所示。

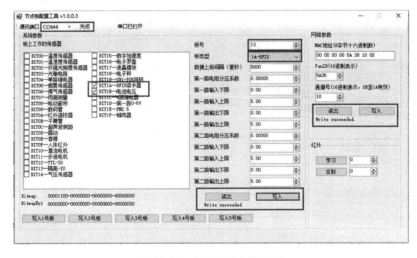

图 10.21　RFID 读卡器配置

⑪ 液晶显示器。

打开可用端口,选中"BIT17—液晶模块"与"BIT1B—电池电压"复选框,"板号"设置为"5","板类型"设置为"00-无外接板",单击"写入"按钮即可写入节点板的板号与类型,单击"读出"按钮可验证是否写入成功;在"PanID"数值框中输入"5A38",在"通道号"数值框中输入"10",单击"写入"按钮即可写入节点板的网络参数,单击"读出"按钮可验证是否写入成功,如图10.22所示。

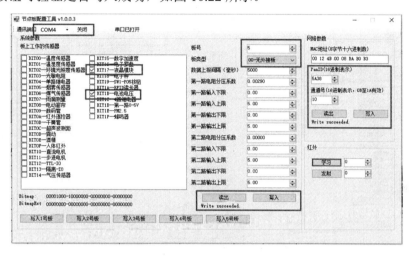

图 10.22　液晶显示器配置

⑫ PM2.5 传感器。

打开可用端口,选中"BIT1E—PM2.5"与"BIT1B—电池电压"复选框,"板号"设置为"11","板类型"设置为"1B-PM2.5模块",单击"写入"按钮即可写入节点板的板号与类型,单击"读出"按钮可验证是否写入成功;在"PanID"数值框中输入"5A38",在"通道号"数值框中输入"10",单击"写入"按钮即可写入节点板的网络参数,单击"读出"按钮可验证是否写入成功,如图10.23所示。

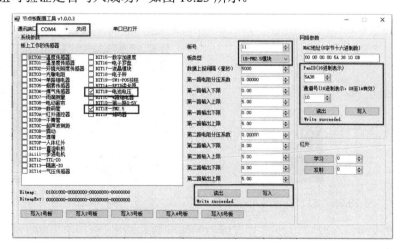

图 10.23　PM2.5 传感器配置

⑬ 气压传感器。

打开可用端口，选中"BIT14—气压传感器"与"BIT1B—电池电压"复选框，"板号"设置为"12"，"板类型"设置为"13-气体压力"，单击"写入"按钮即可写入节点板的板号与类型，单击"读出"按钮可验证是否写入成功；在"PanID"数值框中输入"5A38"，在"通道号"数值框中输入"10"，单击"写入"按钮即可写入节点板的网络参数，单击"读出"按钮可验证是否写入成功，如图10.24所示。

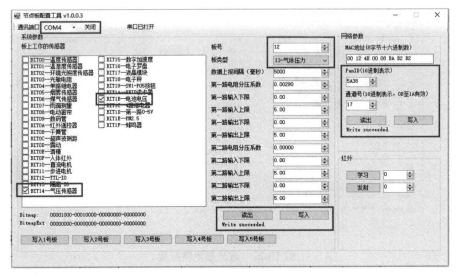

图 10.24　气压传感器配置

(3) 上位机控制。

① 手机端控制。

在手机端安装名为 IOTControl 的 App，安装成功后的 App 图标如图 10.25 所示。打开 App，在初始界面输入账号、密码登录。

登录成功后会在主界面看到密码管理、参数配置和监控三个模块。

密码管理模块。在此可以对密码进行修改，如图 10.26 所示。

图 10.25　IOTControl App 图标　　　图 10.26　密码管理界面

参数配置模块。在此可以按照节点板的网络参数和板号进行相应的配置，如图 10.27 所示。板号见节点板模块上贴的标签，在此同样为 10 进制；端口号默认，IP 地址见手机背面贴的标签，如图 10.28 所示。

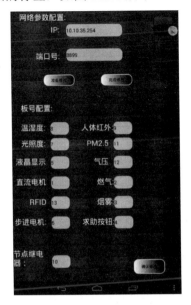

图 10.27　参数配置界面　　　　　图 10.28　手机背面贴的 IP 地址

监控模块 0 打开后进入监控界面，该界面分为参数监控和电器控制两部分。在参数监控部分可以看到各传感器检测到的数据，在电器控制部分可以直接对节点板的工作状态进行控制，如图 10.29 所示。

② 计算机端控制。计算机端上位机控制软件界面如图 10.30 所示。

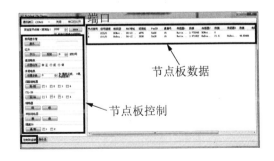

图 10.29　监控界面　　　　　图 10.30　计算机端上位机控制软件界面

在上位机控制软件界面中打开可用端口，打开相应的节点板，会在右侧看到节点板的

物联网的商业应用

数据,在此打开的是温湿度传感器与直流电动机;在左侧的节点板控制区可以控制直流电机正转、反转、停止等。

10.3 本章小结

本章主要介绍了智能家居的相关内容,以及智能家居控制系统综合实验。

习 题

1. 在手机 App 上对各电器进行控制操作,观察现象。
2. 在计算机端上位机控制软件上对各电器进行控制操作,观察现象。
3. 智能家居有哪几个特点?
4. 两人一组,分别模拟用户和智能家居设计师的角色。用户提出自己在智能家居方面的要求,设计师根据用户的要求提供方案并进行修改;两人角色互换,再模拟一次。最后双方互相打分,表达自己对设计方案的满意度。

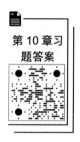

第 10 章习题答案

参 考 文 献

单承赣，单玉峰，姚磊，等，2008. 射频识别(RFID)原理与应用[M]. 北京：电子工业出版社.

胡新丽，2013. 物联网框架下的智慧医疗体系架构模型构建：以武汉智慧医疗为例[J]. 电子政务，(132) :24-31.

黄迪，2011. 物联网的应用和发展研究[D]. 北京：北京邮电大学.

黄玉兰，2010. 物联网射频识别(RFID)核心技术详解[M]. 北京：人民邮电出版社.

李遵白，杨德林，吴贵生，2011. 新一代主导产业之物联网预测[J]. 科技进步与对策，(11):43-46.

刘云浩，2010. 物联网导论[M]. 北京：科学出版社.

宁焕生，徐群玉，2010. 全球物联网发展及中国物联网建设若干思考[J]. 电子学报，(11): 2590-2599.

宁焕生，张瑜，刘芳丽，等，2006. 中国物联网信息服务系统研究[J]. 电子学报，34(12): 2514-2517.

孙其博，刘杰，黎羴，等，2010. 物联网：概念、架构与关键技术研究综述[J]. 北京邮电大学学报，(3):1-4.

王小妮，魏桂英，2009. 物联网 RFID 系统数据传输中密码算法研究[J]. 北京信息科技大学学报(自然科学版)，4(4):75-78.

王雪，钱志鸿，胡止超，等，2010. 基于二叉树的 RFID 防碰撞算法的研究[J]. 通信学报，31(6): 49-57.

王亚奇，蒋国平，2010. 基于分组机制的跳跃式动态二进制防碰撞算法[J]. 自动化学报，36(10): 1390-1400.

杨庚，王江涛，程宏兵，等，2007. 基于身份加密的无线传感器网络密钥分配方法[J]. 电子学报，35(1):180-185.

杨庚，许建，陈伟，等，2010. 物联网安全特征与关键技术[J]. 南京邮电大学学报(自然科学版)，30(4):20-28.

朱红松，孙利民，2009. 无线传感器网络技术发展现状[J]. 中兴通讯技术，(5):1-5.

CHA J R, KIM J H, 2005. Novel anti-collision algorithms for fast object identification in RFID system[J]. Parallel and Distributed Systems, 2(6): 63-67.

Mari Carmen Domingo, 2012. An overview of the Internet of things for people with disabilities[J]. Journal of Nnetwork and Computer Applications, 35:584–596.

P. Vandenameele, 2001. Space division multiple access for wireless local area networks[M]. Norwell: Kluwer academic publishers.

Roussos George, Duri Sastry S, Thompson, Craig W, 2009. RFID meets the internet[J]. IEEE Internet Computing, 13(1):11-12.

北京大学出版社本科电气信息系列实用规划教材

序号	书名	书号	编著者	定价	出版年份	教辅及获奖情况
	物联网、大数据					
1	大数据导论	7-301-30665-9	王道平	39	2019	电子课件/答案
2	大数据处理	7-301-31479-1	王道平	36	2020	电子课件/答案
3	物联网概论	7-301-23473-0	王 平	38	2015 重印	电子课件/答案，有"多媒体移动交互式教材"
4	现代通信网络(第 2 版)	7-301-27831-4	赵瑞玉 胡珺珺	45	2017，2018 第 3 次重印	电子课件/答案
5	无线通信原理	7-301-23705-2	许晓丽	42	2016 重印	电子课件/答案
6	家居物联网技术开发与实践	7-301-22385-7	付 蔚	39	2014 重印	电子课件/答案
7	物联网工程	7-301-22436-6	顾涛	39	2020	
8	传感器技术及应用电路项目化教程	7-301-22110-5	钱裕禄	30	2013，2018 第 5 次重印	电子课件/视频素材，宁波市教学成果奖
9	电磁场与电磁波(第 2 版)	7-301-20508-2	邬春明	32	2016 重印	电子课件/答案
10	现代交换技术(第 2 版)	7-301-18889-7	姚 军	36	2013，2018 第 4 次重印	电子课件/习题答案
11	传感器基础(第 2 版)	7-301-19174-3	赵玉刚	32	2016 重印	视频
12	物联网的商业应用	7-301-31644-3	司文，邴璐	35	2020	电子课件/习题答案
13	物联网工程应用与实践	7-301-19853-7	于继明	39	2015	电子课件
14	传感与检测技术及应用	7-301-27543-6	沈亚强 蒋敏兰	43	2016	电子课件/数字资源
	单片机与嵌入式					
1	嵌入式系统基础实践教程	7-301-22447-2	韩 磊	35	2015 重印	电子课件
2	单片机原理与接口技术	7-301-19175-0	李 升	46	2017 第 3 次重印	电子课件/习题答案
3	单片机系统设计与实例开发(MSP430)	7-301-21672-9	顾 涛	44	2013	电子课件/答案
4	单片机原理与应用技术(第 2 版)	7-301-27392-0	魏立峰 王宝兴	42	2016	电子课件/数字资源
5	单片机原理及应用教程(第 2 版)	7-301-22437-3	范立南	43	2016 重印	电子课件/习题答案，辽宁"十二五"教材
6	单片机原理与应用及 C51 程序设计	7-301-13676-8	唐 颖	30	2017 第 7 次重印	电子课件
7	单片机原理与应用及其实验指导书	7-301-21058-1	邵发森	44	2012	电子课件/答案/素材
8	MCS-51 单片机原理及应用	7-301-22882-1	黄翠翠	34	2013	电子课件/程序代码
	物理、能源、微电子					
1	物理光学理论与应用(第 3 版)	7-301-29712-4	宋贵才	56	2019	电子课件/习题答案，"十二五"普通高等教育本科国家级规划教材
2	现代光学	7-301-23639-0	宋贵才	36	2014	电子课件/答案
3	平板显示技术基础	7-301-22111-2	王丽娟	52	2014 重印	电子课件/答案
4	集成电路版图设计(第 2 版)	7-301-29691-2	陆学斌	42	2019	电子课件/习题答案
5	新能源与分布式发电技术(第 2 版)	7-301-27495-8	朱永强	45	2016，2019 第 4 次重印	电子课件/习题答案，北京市精品教材，北京市"十二五"教材
6	太阳能电池原理与应用	7-301-18672-5	靳瑞敏	25	2011，2017 第 4 次重印	电子课件
7	新能源照明技术	7-301-23123-4	李姿景	33	2013	电子课件/答案
8	集成电路 EDA 设计——仿真与版图实例	7-301-28721-7	陆学斌	36	2017	数字资源

序号	书名	书号	编著者	定价	出版年份	教辅及获奖情况
基 础 课						
1	电路分析	7-301-12179-5	王艳红 蒋学华	38	2017第5次重印	电子课件,山东省第二届优秀教材奖
2	运筹学(第2版)	7-301-18860-6	吴亚丽 张俊敏	28	2016第5次重印	电子课件/习题答案
3	电路与模拟电子技术(第2版)	7-301-29654-7	张绪光	53	2018	电子课件/习题答案
4	微机原理及接口技术	7-301-16931-5	肖洪兵	32	2010	电子课件/习题答案
5	数字电子技术	7-301-16932-2	刘金华	30	2010	电子课件/习题答案
6	微机原理及接口技术实验指导书	7-301-17614-6	李干林 李 升	22	2018第4次重印	课件(实验报告)
7	模拟电子技术	7-301-17700-6	张绪光 刘在娥	36	2016第3次重印	电子课件/习题答案
8	电工技术(第2版)	7-301-31278-0	张玮 张莉 张绪光	43	2020	课件/答案,山东省"十二五"教材修订版
9	电路分析基础	7-301-20505-1	吴舒辞	38	2012	电子课件/习题答案
10	数字电子技术	7-301-21304-9	秦长海 张天鹏	49	2017第3次重印	电子课件/答案,河南省"十二五"教材
11	模拟电子与数字逻辑	7-301-21450-3	邬春明	48	2019第3次重印	电子课件
12	电路与模拟电子技术实验指导书	7-301-20351-4	唐 颖	26	2012	部分课件
13	电子电路基础实验与课程设计	7-301-22474-8	武 林	36	2013	部分课件
14	电文化——电气信息学科概论	7-301-22484-7	高 心	30	2013	
15	实用数字电子技术	7-301-22598-1	钱裕禄	30	2019第3次重印	电子课件/答案/其他素材
16	模拟电子技术学习指导及习题精选	7-301-23124-1	姚娅川	30	2013	电子课件
17	电工电子基础实验及综合设计指导	7-301-23221-7	盛桂珍	32	2016重印	
18	电子技术实验教程	7-301-23736-6	司朝良	33	2016第3次重印	
19	电工技术	7-301-24181-3	赵莹	46	2019第3次重印	电子课件/习题答案
20	电子技术实验教程	7-301-24449-4	马秋明	26	2019第4次重印	
21	微控制器原理及应用	7-301-24812-6	丁筱玲	42	2014	
22	模拟电子技术基础学习指导与习题分析	7-301-25507-0	李大军 唐 颖	32	2015	电子课件/习题答案
23	电工学实验教程(第2版)	7-301-25343-4	王士军 张绪光	27	2015	
24	微机原理及接口技术	7-301-26063-0	李干林	42	2015	电子课件/习题答案
25	简明电路分析	7-301-26062-3	姜 涛	48	2015	电子课件/习题答案
26	微机原理及接口技术(第2版)	7-301-26512-3	越志诚 段中兴	49	2016,2017重印	二维码数字资源
27	电子技术综合应用	7-301-27900-7	沈亚强 林祝亮	37	2017	二维码数字资源
28	电子技术专业教学法	7-301-28329-5	沈亚强 朱伟玲	36	2017	二维码数字资源
29	电子科学与技术专业课程开发与教学项目设计	7-301-28544-2	沈亚强 万 旭	38	2017	二维码数字资源
电子、通信						
1	DSP技术及应用	7-301-10759-1	吴冬梅 张玉杰	26	2018第10次重印	电子课件,中国大学出版社图书奖首届优秀教材奖一等奖
2	电子工艺实习(第2版)	7-301-30080-0	周春阳	35	2019	电子课件
3	电子工艺学教程	7-301-10744-7	张立毅 王华奎	45	2019第10次重印	电子课件,中国大学出版社图书奖首届优秀教材奖一等奖

序号	书名	书号	编著者	定价	出版年份	教辅及获奖情况
4	信号与系统	7-301-10761-4	华容 隋晓红	33	2016第6次重印	电子课件
5	信息与通信工程专业英语(第2版)	7-301-19318-1	韩定定 李明明	32	2018第4次重印	电子课件/参考译文，中国电子教育学会2012年全国电子信息类优秀教材
6	高频电子线路(第2版)	7-301-16520-1	宋树祥 周冬梅	35	2013重印	电子课件/习题答案
7	MATLAB基础及其应用教程	7-301-11442-1	周开利 邓春晖	39	2019第16次重印	电子课件
8	通信原理	7-301-12178-8	隋晓红 钟晓玲	32	2018第3次重印	电子课件
9	数字信号处理	7-301-16076-3	王震宇 张培珍	32	2019第4次重印	电子课件/答案/素材
10	光纤通信（第2版）	7-301-29106-1	冯进玫	39	2018	电子课件/习题答案
11	数字信号处理	7-301-17986-4	王玉德	32	2010	电子课件/答案/素材
12	电子线路CAD	7-301-18285-7	周荣富 曾技	41	2011	电子课件
13	MATLAB基础及应用	7-301-16739-7	李国朝	39	2011	电子课件/答案/素材
14	现代电子系统设计教程（第2版）	7-301-29405-5	宋晓梅	45	2018	电子课件/习题答案
15	信号与系统（第2版）	7-301-29590-8	李云红	42	2018	电子课件
16	MATLAB基础与应用教程	7-301-21247-9	王月明	32	2013	电子课件/答案
17	微波技术基础及其应用	7-301-21849-5	李泽民	49	2013	电子课件/习题答案/补充材料等
18	网络系统分析与设计	7-301-20644-7	严承华	39	2012	
19	DSP技术及应用	7-301-22109-9	董胜	39	2013	电子课件/答案
20	通信原理实验与课程设计	7-301-22528-8	邬春明	34	2015	电子课件
21	信号与系统	7-301-22582-0	许丽佳	38	2015重印	电子课件/答案
22	信号与线性系统	7-301-22776-3	朱明旱	33		电子课件/答案
23	信号分析与处理	7-301-22919-4	李会容	39	2013	电子课件/答案
24	MATLAB基础及实验教程	7-301-23022-0	杨成慧	36	2016重印	电子课件/答案
25	DSP技术与应用基础(第2版)	7-301-24777-8	俞一彪	45	2015	实验素材/答案
26	EDA技术及数字系统的应用	7-301-23877-6	包明	55	2015	
27	算法设计、分析与应用教程	7-301-24352-7	李文书	49	2014	
28	Android开发工程师案例教程	7-301-24469-2	倪红军	48	2014	
29	ERP原理及应用（第2版）	7-301-29186-3	朱宝慧	49	2018	电子课件/答案
30	综合电子系统设计与实践	7-301-25509-4	武林 陈希	32	2015	
31	高频电子技术	7-301-25508-7	赵玉刚	29	2015	电子课件
32	信息与通信专业英语	7-301-25506-3	刘小佳	29	2015	电子课件
33	信号与系统	7-301-25984-9	张建奇	45	2015	电子课件
34	数字图像处理及应用	7-301-26112-5	张培珍	36	2015	电子课件/习题答案
35	Photoshop CC案例教程(第3版)	7-301-27421-7	李建芳	49	2016	电子课件/素材
36	激光技术与光纤通信实验	7-301-26609-0	周建华 兰岚	28	2015	数字资源
37	Java高级开发技术大学教程	7-301-27353-1	陈沛强	48	2016	电子课件/数字资源
38	VHDL数字系统设计与应用	7-301-27267-1	黄卉 李冰	42	2016	数字资源
39	光电技术应用	7-301-28597-8	沈亚强 沈建国	30	2017	数字资源
	自动化、电气					
1	自动控制原理	7-301-22386-4	佟威	30	2013	电子课件/答案
2	自动控制原理	7-301-22936-1	邢春芳	39	2016重印	
3	自动控制原理	7-301-22448-9	谭功全	44	2013	

序号	书名	书号	编著者	定价	出版年份	教辅及获奖情况
4	自动控制原理	7-301-22112-9	许丽佳	30	2017 第 4 次重印	
5	自动控制原理(第 2 版)	7-301-28728-6	丁 红	45	2017	电子课件/数字资源
6	现代控制理论基础（第 2 版）	7-301-31279-7	侯媛彬等	49	2020	课件/素材，国家级"十一五"规划教材修订版
7	计算机控制系统(第 2 版)	7-301-23271-2	徐文尚	48	2017 第 3 次重印	电子课件/答案
8	电力系统继电保护(第 2 版)	7-301-21366-7	马永翔	46	2019 第 4 次重印	电子课件/习题答案
9	电气控制技术(第 2 版)	7-301-24933-8	韩顺杰 吕树清	28	2014，2016 重印	电子课件
10	自动化专业英语(第 2 版)	7-301-25091-4	李国厚 王春阳	46	2014，2017 重印	电子课件/参考译文
11	电力电子技术及应用	7-301-13577-8	张润和	38	2008	电子课件
12	高电压技术(第 2 版)	7-301-27206-0	马永翔	43	2016	电子课件/习题答案
13	控制电机与特种电机及其控制系统	7-301-18260-4	孙冠群 于少娟	42	2011	电子课件/习题答案
14	供配电技术	7-301-16367-2	王玉华	49	2012	电子课件/习题答案
15	PLC 技术与应用(西门子版)	7-301-22529-5	丁金婷	32	2013	电子课件
16	电机、拖动与控制	7-301-22872-2	万芳瑛	34	2013	电子课件/答案
17	电气信息工程专业英语	7-301-22920-0	余兴波	26	2013	电子课件/译文
18	集散控制系统(第 2 版)	7-301-23081-7	刘翠玲	36	2013，2019 第 4 次重印	电子课件，2014 年中国电子教育学会"全国电子信息类优秀教材"一等奖
19	工控组态软件及应用	7-301-23754-0	何坚强	56	2014，2019 第 3 次重印	电子课件/答案
20	发电厂变电所电气部分(第 2 版)	7-301-23674-1	马永翔	54	2014，2019 第 3 次重印	电子课件/答案
21	自动控制原理实验教程	7-301-25471-4	丁 红 贾玉瑛	29	2015	
22	自动控制原理(第 2 版)	7-301-25510-0	袁德成	35	2015	电子课件/辽宁省"十二五"教材
23	电机与电力电子技术	7-301-25736-4	孙冠群	45	2015	电子课件/答案
24	虚拟仪器技术及其应用	7-301-27133-9	廖远江	45	2016	
25	智能仪表技术	7-301-28790-3	杨成慧	45	2017	二维码资源

如您需要更多教学资源如电子课件、电子样章、习题答案等，或者需要浏览更多专业教材，请扫下面的二维码，关注北京大学出版社第六事业部官方微信(微信号：pup6book)，随时查询专业教材、浏览教材目录、内容简介等信息，并可在线申请纸质样书用于教学。

感谢您使用我们的教材，欢迎您随时与我们联系，我们将及时做好全方位的服务。联系方式：010-62750667，szheng_pup6@163.com, pup_6@163.com, 欢迎来电来信。客户服务 QQ 号：1292552107，欢迎随时咨询。